novum pocket

Loona David

Reise durch die Welt der Emotionen

novum pocket

Bibliografische Information
der Deutschen Nationalbibliothek:

Die Deutsche Nationalbibliothek
verzeichnet diese Publikation in der
Deutschen Nationalbibliografie.
Detaillierte bibliografische Daten sind
im Internet über
http://www.d-nb.de abrufbar.

Alle Rechte der Verbreitung,
auch durch Film, Funk und Fernsehen, fotomechanische Wiedergabe, Tonträger, elektronische
Datenträger und auszugsweisen
Nachdruck, sind vorbehalten.

Gedruckt in der Europäischen Union
auf umweltfreundlichem, chlor- und
säurefrei gebleichtem Papier.

© 2025 novum publishing gmbh
Rathausgasse 73, A-7311 Neckenmarkt
office@novumverlag.com

ISBN 978-3-903468-04-7
Umschlagabbildung: Loona David
Umschlaggestaltung, Layout & Satz:
novum Verlag
Innenabbildungen: Loona David

Die von der Autorin zur Verfügung
gestellten Abbildungen wurden in der
bestmöglichen Qualität gedruckt.

www.novumverlag.com

Reise durch die Welt der Emotionen

„Reise durch die Welt der Emotionen" ist der Titel meines Buches.

Die Emotionen entspringen der unendlichen Empfindungsvielfalt meiner eigenen Gefühlsstärke als ambitionierte Lehrerin, Künstlerin und als kommunikativer Mensch der Gemeinschaft.
Welche Emotionen nehmen wir bewusst wahr?
Liebe, Hass, Wut, Verzweiflung, Eifersucht, Zorn, Enttäuschung, Leidenschaft, Hingabe, Mitgefühl, Anteilnahme, Naivität, Unschuldigkeit, Starre, Aggression, Unruhe, Frieden, Seelenruhe oder Seelenverwandtschaft, Sympathie, Antipathie, Verspieltheit, Schüchternheit, Enthusiasmus, Begeisterung, Bewunderung, Entschlossenheit, Angst, Panik, Leere, Einsamkeit, Freude, Impulsivität, Kontrolliertheit, Gehemmtheit, Zwang, Anteilnahmslosigkeit, Gleichgültigkeit, Erzittern, Abgestumpftheit, Routiniertheit, Begehren, Anziehungskraft, Ausstrahlungskraft, Unsicherheit, Sensibilität, Empfindlichkeit, Verletzlichkeit, Rührseligkeit, Sentimentalität, Aufregung, Zynismus, Arroganz kennzeichnen im Zusammenhang mit Charaktermerkmalen Gefühlsregungen des Innenlebens von Menschen.
Introvertiertheit und Extrovertiertheit bestimmen über deren Entäußerung aus dem Inneren heraus.
Das Anstauen von Emotionen und Verleugnen führt zu psychosomatischen Erkrankungen.
Das Ausleben dagegen ermöglicht ein gesundes freudvolles Leben.

Das „glückliche Gehirn" ist Ziel unseres kostbaren einzigartigen Lebens ungeachtet der jeweiligen Bedingungen.
Auf meinem 55-jährigen Weg durch das Leben und Studieren von Menschen konnte ich persönlich sehr viele Formen kennenlernen, wie man sein Innenleben frei und voller Leichtigkeit gestalten kann.
Das Umleiten in viele verschiedene Tätigkeiten hilft dabei entscheidend, sich selbst Erfolgserlebnisse zu verschaffen, unabhängig von der Außenwelt.
Auf diese Weise sind über den Zeitraum von 13 Jahren die Beiträge zu meinem Buch in meiner Freizeit entstanden, um wirkungsvoll und effizient mit extrem starken Emotionen umgehen zu können.
Auf diesem Wege lade ich Sie auf meine persönliche „Reise durch die Welt der Emotionen" ein, um Ihnen begreiflich zu machen, wie sehr uns diese Art der Entäußerung bei der Erreichung der seelischen Balance und Harmonie des Innenlebens behilflich sein kann.
Ich wünsche Ihnen dabei viel Freude und Genuss, Anregung und eventuelles Wiederfinden eigenen Erlebens.

Ihre Loona David

Rund um die Liebe

Frühlingserwachen

Deine Blicke trafen mich wie Sonnenstrahlen im Frühling.
Sie pochten leise an mein großes Herz.
Wie ein Frühlingshauch schwebtest du an mir vorüber
und brachtest Leben mit und Freude, anstatt Schmerz.
So wecktest du, was einst in tiefem Schlaf versunken,
mit deiner Worte Klang und deinem
Zauber der Musik.
Erreichtest meine
Seele tief mit deinem lieblichen
Geläute,
bis beständig ich in deiner Nähe blieb.
Mit deiner Zuwendung hast du ein Lächeln mir entlockt
und einen sehnsuchtsvollen Blick und das Gefühl in deiner Stimme, bescherte mir das allergrößte Glück.
Von da an konnt' ich nicht mehr von dir lassen, war inspiriert durch deinen wachen Geist, der mich noch weiter
zu dir führte, was mein Gefühl für dich beweist.
So konntest du mein großes Herz gewinnen, für dich in
alle Ewigkeit,
Geborgenheit konnt' ich bei dir erringen, Vertrauen und
viel Zärtlichkeit.
So gehst du weiter auf mich zu, um stets im Geist mit
mir vereint zu sein.
Kann ich es nicht dabei belassen,
in meinen Träumen bist du mein.

25.09.2009 Konzerterlebnis als Ausgangspunkt

Deine Musik lebt in mir

Deine Musik lebt in mir, ein bunter Strauß voll Harmonien.
Die schönste Erinnerung in mir,
lässt mich in deine Welt entflieh'n.

In ihr wird meine Seele frei, fliegt zu den Sternen hin.
Das Land der Fantasie in mir,
wo ich verzaubert bin.

Wahrnehmung und Empfindsamkeit,
die inspirierten mich.
Pure Glückseligkeit ich spür',
dein zarter Klang hat mich verführt.

Das weiche Spiel auf dem Klavier,
dringt leise an mein Ohr.
Aufregung schafft sich Platz in mir,
Musikerleben wird zum großen Chor.

So ein Gefühl von Leichtigkeit,
lässt schweben mich im Traum.
Die Freiheit von Unendlichkeit,
ist losgelöst von Zeit und Raum.

Am Horizont ein Lichterglanz,
der alles überstrahlt.
Ruhe und Harmonie vereint,
ein Bild im Geiste wie gemalt.

02.10.2012

Lichterspiele

Im Lichterglanz von Musik umfangen,
verleiht mir dein Charme einen verheißungsvollen Blick.
Mit allen Sinnen der Kunst ergeben,
so nimmt seinen Lauf unser beider Geschick.

Das Licht der Zuwendung neu entfachet,
das gelang nur dir nach langer Zeit.
Der Sehnsucht fremder Gestade behaftet,
ist Zeugnis meiner Gewogenheit.

Den Lichterspielen des Glücks verfallen,
bringt dies mein Gemüt auf neue Fahrt.
Voll tiefer Leidenschaft erfüllet,
geht nun mein Ehrgeiz an den Start.

Habe lange Zeit um dich gerungen,
die Lichter flackerten im Wind.
Atemberaubend sind die Stunden,
das Gefühl eines neuen Zeitalters beginnt.

Der Lichterglanz der Musik ist geblieben,
mein Herz ist dir immer noch so nah.
Du bist ein Teil meines Lebens geworden,
ich bin erstaunt, was mit mir geschah.

29.01.2013

Lied vom Glück

Eines Tages begann die Suche nach dem Lebensglück.
Lange Zeit musste ich warten,
bis es kehrt zu mir zurück.
Fand es ganz in meiner Nähe,
nahm es nur nicht wahr.
Doch was ich auf einmal spürte,
war so sonnenklar.
Du warst es, den ich gesucht hab,
der mich gut verstand.
Hast trotz Perfektion, Fassade, mich als
Mensch erkannt.
Anspannung fiel ab in puren Zügen,
fing zu leben an.
Plötzlich stand die Welt uns offen,
die Zeit im Flug verrann.
Die Ideen, die in dir steckten,
brachten neuen Mut.
Führten uns zu neuen Wegen,
weckten heiße Glut.
Du verstandest leicht den Kontext,
der verschlüsselt war, denn dein Intellekt war stärker,
deine Sprache klar.
So konnt' ich das Glück erringen in der Zweisamkeit.
Uns ist kein Problem zu schwierig und kein Weg zu weit.
Bei dir möcht' ich immer bleiben,
ein ganzes Leben lang.
Brachtest Fröhlichkeit und Lachen,
das Lied vom Glück begann.

16.10.2010

Engelsflügel

Als ich vernahm dein lieblich Spiel,
war mein Herz so angerührt.
Engelsgesang der reinsten Art hat mich zu dir geführt.

Mir war, als schwebtest du,
mit Flügeln zu mir hin.
Ich plötzlich einen Engel sah, ich so verzaubert bin.

Solch' Engelsflügel gabst du mir, in dem Gedankenmeer.
Sie trugen mich so oft zu dir,
dass ich dir Glück bescher'.

Mit Engelsflügeln schwebten wir hoch in das Himmelreich,
uns die Musik Erfolg verlieh,
machte uns Engeln gleich.

So fandest du den Weg zu mir mit deiner Leichtigkeit.
Mein schweres Herz hast du betört,
mich aus Versunkenheit befreit.

Einen Hauch Lebendigkeit ich spür', fand zu mir selbst zurück.
Bin plötzlich ein ganz neuer Mensch,
der zutiefst verbunden dir.

08.06.2011

Die Macht der Liebe

Die Liebe ist das stärkste Feuer,
das in unseren Herzen brennt.
Sie – die größte Macht auf Erden,
wahre Leidenschaft nur kennt.

Ihr im Leben zu begegnen,
führet zur Glückseligkeit.
Wen das Schicksal auserwählet,
für die Zukunft ist bereit.

Wenn sie Berge kann versetzen,
große Taten sie vollbringt.
Lohnt es sich,
an sie zu glauben,
bis der Funke überspringt.

Sie ist nicht mehr aufzuhalten,
sind zwei Herzen erst vereint.
Diese wunderbare Reise,
nur in rosarot erscheint.

Auch wenn sie im Geiste lebet,
ihre Wirkung ist so groß.
Inspiriert sie stets zu Neuem,
dass man hält sie für grandios.

Es braucht Kraft, sie zu erhalten,
wie ein winzig Blümelein.
Diese Kunst ist zu erlernen,
dann kannst du stets glücklich sein.

29.10.2012

Im Garten der Poesie

Im Garten der Poesie zu wandeln,
führt mein Gemüt zur Glückseligkeit.
Das Tor dazu fand ich durch die Liebe, die ich für dich
empfinde, bis in die Ewigkeit.

Die Liebe zu dir wird niemals vergehen.
Sie übersteht sogar Zeit und Raum.
Die farbenprächtigsten Blumen sprießen, im Garten der
Poesie zu erschau'n.

Liebe, Poesie, Romantik sind untrennbar verbunden.
Ihre Früchte sind Fantasie, Kreativität und Glück.
Sie auszuleben bereitet mir Freude und Frieden, sie verlangt unser beider Geschick.

Im Garten der Poesie wandeln wir öfter,
unseren Ideen sind dort keine Grenzen gesetzt.
Es ist der Ort der geheimen Träume,
er wird unermesslich von uns geschätzt.

29.01.2013

Liebesglück

Wangenröte erstrahlt auf ihren zarten Wangen.
Das Bild der untergehenden Sonne erscheint auf ihrem Gesicht.
Seine leicht gebogenen Wimpern spiegeln sich in ihren Augen wie im klaren Wasser des Sees wider.
Der Geschmack ihrer rotgefärbten weichen Lippen erinnert an erste frische Erdbeeren in der Frühlingszeit.
Verspielt perlen ihre lockigen seidigen langen Haare über ihre Schultern.
Seine zärtliche Hand berührt behutsam ihren sinnlichen weiblichen Schoß.
Ein leichtes Beben beider Körper macht sich unaufhaltsam bemerkbar und ihre Gefühle fahren Achterbahn.
Wärme strahlt aus den Poren ihrer Körper, die sich zu feuriger Hitze bis ins Unermessliche steigert.
Emotionen fallen von den erregten Gemütern ab beim Schweben in paradiesische Höhen.
Dieser Kick des beiderseitigen Erlebens ermöglicht glückselige Entspannung pur.

22.11.2022

Ode an die Liebe

Wenn der Liebe zarte Knospen öffnen leise sich
und es blüht die schönste Blume,
denk' ich oft an dich.

Täglich geh' ich zu ihr schauen,
erfreu' mich so an ihr.
Auf dich kann ich immer bauen,
mein Herz gehört nur dir.

Wenn die Blüten sich entfalten,
Wunder der Natur.
So soll uns' re Liebe blühen,
Harmonien in Dur.

Bald die Farben hell erleuchten,
erstrahlt der ganze Raum.
Uns're Augen nur so funkeln
wie im schönsten Traum.

Duft verströmet mannigfaltig,
Sinne sind betört.
Ode an die Liebe klinget,
du hast mich erhört.

28.10.2012

Meine Liebe

Du suchst einen Seelenverwandten,
wie ich suche dich.
Trafen uns auf diesem Wege,
du berührtest mich.

Dies geschah in meiner Seele,
die unendlich leer erschien.
Meine Liebe bist' geworden,
konnt' dem Dunkel so entflieh'n.

Wenn der Tag von dir erfüllet,
Freude strömt ins Herz hinein.
Deine Blicke mich anstrahlen,
Glitzermeer im Lichterschein.

Deine sanfte Hand erhoben,
zeigst den Weg der Zukunft auf.
Deine Sicht auf Lebensdinge,
lässt mich fühlen wie im Rausch.

Kommunikation lässt ahnen,
welches Band entstanden ist.
Klingt Musik in meinen Ohren,
Harmonie hab' ich vermisst.

Für mich bist du meine Liebe,
die im Herz ich eingraviert.
Für dich – mein ganzes Herzblut gebe,
weil verführtest meine Seel'.

16.01.2011

Tagträume

Sitz' am Fenster so am Morgen,
Schneeflocken tanzen umher.
Dabei muss ich an dich denken,
will doch eigentlich viel mehr.
So beginne ich zu träumen,
endlich kamst du auf mich zu.
Mir in meine Augen schautest,
bis ich kam bei dir zur Ruh'.
Träumt', dass du mich sanft berührtest
und mich nahmst in deinen Arm.
Wo ich mich so sicher fühlte
und es war so kuschlig warm.
Plötzlich küsstest du mich innig,
zogst mich nah zu dir heran.
Dabei konnte ich es spüren,
dass auch du bist nur ein Mann.
Einer, der mich lang begehrt schon,
dem etwas an mir gefiel,
der mich zärtlich lieben wollte,
hier und jetzt im Liebesspiel.
Davon träumt' ich schon so lange,
diese Leidenschaft in dir.
Für mich war es unbegreiflich,
was mit mir dabei geschah.
Das Gefühl war so berauschend,
Zauber der Magie fürwahr.
Schneeflocken tanzen noch immer
und mein Tagtraum ist vorbei.
Doch mein Herz hofft so inständig,
dass es eines Tag's so sei.

06.12.2012

Rendezvous mit der Musik

Wenn du uns unverhofft begegnest,
ein Strahlen dein Gesicht erhellt,
führst uns hinein ins Reich der Musik.
Deine freudige Erwartung kann ich spüren
und deine warme Stimme klingt so weich.

Ich genieße den Klavierunterricht,
den du voller Leidenschaft erteilst,
ich höre dir gebannt, gefesselt, entschwebend zu.
Unsere zärtlichen Blicke treffen sich,
du strahlst mich an und bist ganz du.

Ich liebe die sympathische Art und Weise,
mit der du erklärst und die Musik näherbringst.
Emotionen schwingen authentisch herüber.
Dazu dein sprachliches Talent, dein Humor,
wodurch du unsere Zuneigung erringst.

Musik mit dir ist wie ein aufregender Tanz,
der scheinbar niemals zu Ende geht.
Bunte facettenreiche Leichtigkeit.
Er ist so gefühlvoll und elegant,
die Musik die Sprache meines Herzens versteht.

Wenn wir harmonisch beisammen,
Musik berauscht unser beider Gemüt.
Begeisterung durchzieht die Sinne,
Einklang verwandter Seelen verbindet,
Fantasie eindrucksvolle Kreationen versprüht.

Spannendes Rendezvous am Piano,
der Flügel vibriert beim Tastenanschlag.
Sprachlos verführt sind meine Sinne.
Schwerelosigkeit durchzieht jeden Winkel.
Ein sanftes Decrescendo uns hinabgleiten lässt.

22.09.2011

Sommertraum

Wind durch deine Haare weht,
durch die der Himmel scheint.
Dein Körper völlig braun gebrannt,
die Sonne hat es gut gemeint.

Wasser perlt auf deiner Haut,
es lädt zum Baden ein.
Du zur Insel schwimmen willst,
das kühle Nass lockt dich hinein.

Die grüne Wiese voller Klee,
sieht wie ein Teppich aus.
Ein weicher Platz um auszuruh'n,
zu ihm zieht es dich hinaus.

Die Sonne kitzelt dein Gesicht,
den Fuß noch voller Sand.
Ich wäre gerne an der Stell',
läg' mit dir hier am Strand.

Sie trocknet deinen Körper schnell,
der stattlich anzuseh'n.
Ein Blick von dir,
ein Lächeln folgt und um mich wär's gescheh'n.

Eng an eng mit dir am Strand,
so glücklich wären wir.
Es ist jedoch ein Sommertraum,
Sehnsucht und Leidenschaft von mir.

16.07.2013

Sturmböen

Des Lebens Stürme toben heftig, zerpflücken leicht ein zart' Gemüt.
Erfordern Widerstand so kräftig, bald keine Blume mehr erblüht.

Die starken Winde überschatten, was im Verborgenen erwacht.
Sie tragen alles auseinander, was lieb uns war in stiller Nacht.

Was leis' in uns'rer Brust sich regte, gerät jetzt in Vergessenheit.
Der starke Sturm uns mit bewegte, zum Nachdenken ist keine Zeit.

Er breitet sich aus in Windeseile, sich schnell verschafft er Zeit und Raum.
Bringt plötzlich alles durcheinander, was wichtig war sich anzuschau'n.

Sturmböen werden mächtig, im Leben man kein Rückgrat hat.
Mit großer Anstrengung sich wehret, ein Kampf des Lebens findet statt.

Wird doch der Sturm am Ende siegen oder das laue Lüftchen kehrt zurück?
Denn darin können wir nur fliegen, den Sternen näher ein kleines Stück.

22.09.2011

Poesie der Wiederkehr

Du hast mein Herz aus trauriger Umklammerung befreit.
Durch dein Erscheinen macht sich Freudentaumel breit.
Du sendest Sonnenstrahlen, um es zu wärmen.

Es fror allein in kalter Nacht, in der ich wieder nur an dich gedacht.
Doch keine Aussicht auf Veränderung ist abzuseh'n.

Es schlug ganz langsam nur vor Kälte zitternd.
Ein Hauch von Eis machte es bibbernd.
Ich suche Trost in meiner Arbeit mir.

All' mein Gefühl schlief dabei ein.
Dies konnte nur der kalte Winter sein, der mein Gemüt mit Traurigkeit bedeckt.

Erst die Begegnung nur mir dir, nahm ganz den Schatten über mir.
Dein Blick verheißungsvoll sich auf mich richtet.

So wärmtest du mein Herz mir auf, der Hauch von Eisigkeit wich auch,
denn du erwecktest es zu neuem Leben.

Jetzt schlägt es schnell in deiner Nähe, weil ich dich endlich wiedersehe und mir wird plötzlich warm um's Herz.

Mit deinem Charme, hast mich, um den Verstand gebracht.
Ein kleines Feuer brennt in mir ganz sacht.
Die Flammen lodern immer heißer.

Auch mein Gefühl ist wieder da, als ob ich schon den Frühling sah, nur du warst voller Wärme für mich.

Mit Sanftmut und Beharrlichkeit, hast mich, vom Herzeleid befreit.
Freude strömt in es hinein.

Allein durch deine Wiederkehr hab' ich jetzt keinen Herzschmerz mehr,
genieße uns're Zweisamkeit.

Du warst der Retter in der Not, der mir sein großes Herz anbot,
du Wunderheiler meiner Seele.

Die Poesie der Wiederkehr brachte Liebe in das Herze mir und lässt das größte Glück zuteil mir werden.

25.10.2010

Der Schlüssel des Herzens

Mit deinem Schlüssel hast du mein Herz aufgetan.
Nach eisigem Winter der warme Frühling kam.
Mit ihm erwachte Leben in mir,
von Herzen danke ich dir dafür.

Die hauchzarten Blütenpflanzen ranken,
befreit hast du mich von den alten Schranken.
Neuen Lebenshauch flößtest du mir ein,
in mein Herz zog menschliche Wärme ein.

Da hörte ich es wieder kräftig schlagen,
konnte der steinigen Vergangenheit entsagen.
Emotionen strömten aus mir heraus.
Meine Seele reagierte mit großem Applaus.

Ganz neu fühlen sich die Dinge an,
ein freudvolleres Leben für mich begann.
Ein Weg in die Zukunft tat sich mir auf,
von da an nahm das Leben seinen Lauf.

Der Liebesbote konntest du nur sein,
dein Schlüssel passte in mein Herz hinein.
Deshalb habe ich mich für dich entschieden,
nur du brachtest mir den inneren Frieden.

Aber auch Abenteuer waren damit verbunden.
Ich hatte meinen Ritter gefunden.
Ein zartes Blümelein erwecktest du,
das fortan erblühte, schlief friedvoll in Ruh'.

Es reifte zu herrlicher Blütenpracht,
mit der es in stiller Stunde dich bedacht.
So konnte es den Sommer überdauern,
in Glücksmomenten überwinden zu trauern.

Dein Schlüssel verhalf zu ewigem Leben,
denn nur du konntest die wahre Liebe geben.
Nur sie strebt fortan der Sonne entgegen,
bringt für die Zukunft den himmlischen Segen.

06.06.2012

Es ist so schön mit dir

Es ist so schön mit dir.
Es flattern Schmetterlinge in meinem Bauch.
Es ist so schön mit dir.
In deiner Nähe hört dieses Gefühl nicht auf.

Ich bin so gern bei dir.
Mit dir vergeht die Zeit so wie im Flug.
Ich bin so gern bei dir.
Von unseren Gesprächen bekomme ich nicht genug.

Ich bin so glücklich, wenn wir zwei zusammen sind.
Ich bin so glücklich, weil mein Leben dann an Wert gewinnt.

Es ist so wunderbar, wenn du ganz plötzlich vor mir stehst.
Es ist so wunderbar, wenn du ein Stück mit mir zusammen gehst.

Ich bin so gut gelaunt, wenn du mich so zum Lachen bringst.
Ich bin so gut gelaunt, wenn du um meine Gunst so ringst.

Ich bin so unbeschwert, weil so viel Fröhlichkeit von dir ausgeht.
Ich bin so unbeschwert, weil mit dir so viel Harmonie entsteht.

Ich hab mich so gefreut, weil du zum Abschied mir hast zugewinkt.
Ich hab mich so gefreut, weil die Erinnerung an dich mein Herz beschwingt.

08.02.2011

Stimme des Herzens

Ein Glockenläuten in der Stille berührte meine Seele zart.
Die Segel meiner Träume hissen,
brachte mein Gefühl auf große Fahrt.

Der süße Klang der Harmonien, ein bunter Farbenteppich sanft und weich,
betörte freudvoll meine Sinne, ich fühlte mich beschenkt so reich.

Der silbern' Klang mein Herz anrühret, ich hatte es so gut versteckt.
Der Schwingung der Musik erlegen,
hab' ich mein Herz durch dich entdeckt.

Den Kompass meines Lebens, hab' ich in ihm gespürt.
Der Stimme meines Herzens folgen, hat schließlich mich zu dir geführt.

Hier fand ich die ersehnte Ruhe, nach der ich auf der Suche war.
Geborgenheit ließ mich in deinen Armen liegen, der Weg vor meinen Augen war so klar.

Das Schlagen uns'rer beider Herzen erinnert an ein Glockenläuten mich.
So konnten wir zusammen finden, Glückseligkeit verspür' ich, nur durch dich.

25.11.2012

Wiedersehensfreude

Wenn jeder Tag uns einander näherbringt und ein freudiges Gefühl meiner Seele entspringt,
dann weiß ich, dass es nicht mehr lange sein kann, bis wir uns wiedersehen.

Wenn die Sonne in unseren Herzen nicht untergeht und im Alltag der Reichtum aller Farben entsteht,
dann spür' ich tief in mir drin, dass wir uns wiedersehen.

Wenn ich am Morgen voller Glück erwach' und ein Traum von dir klingt in mir nach,
dann bin ich mir sicher, dass es Zeit ist, dass wir uns wiedersehen.

Wenn mein Herz Freudensprünge macht und ein neues Lächeln auf meinen Lippen erwacht, dann ist das ein Zeichen dafür, dass wir uns wiedersehen.

Wenn mein Herzschlag immer schneller geht und in meinem Kopf ein Bild von dir entsteht, dann fühle ich ganz deutlich in mir, dass wir uns wiedersehen.

Wenn meine Gedanken immer öfter verweilen bei dir und mir so ist, als ständest du hier, dann habe ich das starke Empfinden, dass wir uns wiedersehen.

Wenn Schmetterlinge in meinem Bauch ich spür' und es gibt eigentlich keinen Grund dafür, dann ist es endlich so weit, dass wir uns wiedersehen.

Wenn ich vor Aufregung keinen Gedanken fassen kann und unsere Begegnung ist ganz plötzlich heran, dann bin ich so glücklich, weil wir uns wiedersehen.

18.08.2010

Jahrestag

Vor einem Jahr, als ich dich hörte,
bei dem Konzert auf dem Klavier.
War ich beeindruckt und ich spürte,
dass mein Gefühl gehörte dir.

Es war so ungewohnt zu fühlen.
So lange war's Gefühl auf Eis gelegt.
Es gelang dir, mich zu berühren,
mit deinem Spiel hast du mein Herz verführt.

Es war schon deine herzliche Begrüßung
und deine Art, mich anzuseh'n.
Ich musste immer wieder nach dir schauen,
bis zum Moment, an dem ich musste geh'n.

Konnt' dies Erlebnis nicht vergessen,
hatte mich unsterblich in den Mann verliebt,
der voll Begeisterung mir Aufmerksamkeit schenkte,
in meinem Herzen Liebe hat gesiegt.

Ein ganzes Jahr, in dem ich ihn begehrte,
wollt' ihn gewinnen, nur für mich.
Zwar sind wir näher uns gekommen,
muss doch verzichten immer noch auf dich.

Heute ist der Jahrestag meiner Idealisierung,
von der du leider noch nichts weißt.
Die Zukunft wird es offenlegen,
ob unsere Begegnung Liebe uns verheißt.

Ich liebe dich von ganzem Herzen,
wenn es sein muss,
auch ganz still für mich allein.
Deine Sympathie konnte ich spüren,
vielleicht ergreift die Liebe ja auch dich.

Werden wir jemals zusammenkommen?
Das wäre einen neuen Jahrestag mir wert.
Gemeinsam könnten wir ihn dann begehen,
das Leben uns das größte Glück beschert.

25.09.2010

Sonnenstrahlenglanz

Sonnenstrahlen kitzeln mein blasses Gesicht.
Wärmen mit seidig-silbernem Glanz.
Erinnerung an den Sommer kehrt zurück,
das Ambiente erfüllt meine Seele ganz.

Sonnenstrahlen bedecken meinen Körper.
Erhitzen die Lava im Vulkan.
Ich bin inmitten des Abenteuers,
unser beider Liebe erscheint wie ein Wahn.

Sonnenstrahlen glänzen kristallklar im Zenit
wie ein Kronleuchter im Tanzsaal der Paare.
Musik setzt Rhythmen frei.
Ich bebe beim Streicheln durch deine Haare.

Sonnenstrahlen blenden meine Augen.
Blenden meinen wachen Geist.
Ich mich ihrer Umarmung entreiße,
Intellekt Leben verheißt.

30.09.2012

Sehnsucht

Die Hälfte der Zeit ist schon verstrichen,
die Sehnsucht aus meinem Herzen nicht gewichen.
Ich nehm' mir schöne Dinge vor
und denk' an dich, den ich erkor.

Wenn der Liebeskummer wird zu groß,
leg' ich dein Bild in meinen Schoß.
Da fällt mir so viel Gutes ein.
Ich freu' mich auf's Zusammensein.

Ich bin so sehr in dich verliebt,
sind wir getrennt, bin ich betrübt.
Ablenkung ist das Zauberwort,
wenn wir nicht sind am gleichen Ort.

Ich hab' gelernt, auf dich zu warten,
hab' doch im Grunde gute Karten.
Ich kann dich jede Woche seh'n,
wo wir uns doch so gut versteh'n.

Ich wünsch' dir eine schöne Zeit,
für dich ertrag' ich Herzeleid.
Durch die Musik sind wir verbunden
und denk' an wundervolle Stunden.

Ich kann mich gut auf dich verlassen,
kann mein Glück mit dir nicht fassen.
Ich glaube ganz fest an uns zwei.
Da geht die Zeit ganz schnell vorbei.

05.11.2012

Glücksgefühl

Gefühl, welches verloren schien,
ist plötzlich wieder da.
Spür' ein Glücksgefühl in mir,
ist einfach wunderbar.

Impuls dafür war die Musik,
die wieder uns verband.
Erfolgserlebnis ging voraus,
Gefühl war mir bekannt.

Es brachte wieder näher uns,
vertraute Harmonie.
Begeisterung versprühtest du,
Freude im Herz verlieh'.

Erfolg ist deine Leidenschaft,
ich teil' sie gern mit dir.
Deshalb bewirk' ich ihn so gern,
weil du gehörst dann mir.

Auch wenn es nur Momente sind,
die du mir manchmal schenkst.
Genieß' ich sie voll Leidenschaft,
auch du mein Glücksgefühl empfängst.

04.11.2010

Zukunftsträume

Wenn ich an dich denk', kann ich nur hoffen,
dass du dich neu in mich verliebst.
Da zwischen uns nur lag Enttäuschung,
uns eine zweite Chance du gibst.
Ich würd' so gerne mit dir lachen, wenn du mich nimmst in deinen Arm,
wo ich mich sicher fühlen könnte und ich erliege deinem Charme.
Ich träumt', du würd'st mich zärtlich küssen und streicheln durch mein verspieltes Haar.
Wenn du mich sanft berühren könntest, dann werden meine Träume wahr.
Möcht' mit dir in die Zukunft schweben, will der Stern für dich sein, jeder Zeit.
Mein Leben möcht' ich mit dir teilen, wenn du es willst, ich bin bereit.
Wenn ich so von der Zukunft träume, wirst du an meiner Seite sein.
So sicher kann ich mich dann fühlen, bin endlich nicht mehr so allein.

Frühjahr 2010

Sternenklare Nächte

An weißen leeren Stränden der untergehenden Sonne beim leisen Meeresrauschen vollzieht sich ein besonderes Schauspiel am Abendhimmel.
Die Abendröte entschwindet hinter den dunklen Baumschatten hinter dem ruhenden See.
Das Zirpen der Grillen ertönt sacht in der Luft und das flackernde Aufleuchten der Glühwürmchen verwandelt die laue Sommernacht in ein Orchester der Natur mit ihren ganz eigenen Klängen und Geräuschen.
Laternen leuchten weiß – gelblich am Ufer und senden Orientierungssignale ins pechschwarze Dunkel der Nacht.
Am Himmel erstreckt sich ein blau – schwarzer Vorhang mit sternenförmigen Leuchtpunkten, eine Sternschnuppe zieht vereinzelt ihre magische Bahn entlang.
Zwei Liebende richten ihren verträumt – romantisierenden Blick 'gen Himmel.
Hell leuchtet die Mondsichel am kunstvoll gewebten Teppich des Universums.
Im Gedankenmeer der Fantasie vollziehen die beiden jungen Menschen den unschuldigen Tanz des Verliebtseins.
Magnetische Anziehungskraft führt beide immer enger zueinander, bis kein äußerer Widerstand die Vereinigung beider Münder in zärtlichem Kuss aufhalten kann.
Ekstase des sinnlich – verspielten Erlebens der Jugend in sternenklarer Nacht
graviert sich in Glitzerbuchstaben romantisierend – euphorisch in die Herzen des liebenden Paares.

Sommer 2016

Sommerreigen

Ein neuer Tag entspringt dem Gefühl von Freiheitlichkeit.
Der Hände Arbeit ruht im Geiste einer erlebnisreichen Zeit.
Auch des Menschen Gedanken werden in Wohlgefühl und inneren Frieden verwandelt.
Alles ist ganz still, weil sich der bunte Farbenteppich einer freudvollen, abenteuerlichen Reise ausbreitet.
Vater Natur und Mutter Erde hüllen das Leben in die wohltuende strahlende Wärme des Sommerreigens, dessen zartklingender, verspielter, ausdrucksstarker, imposanter Tanz zum Schauspiel der begeisternden Menge umstehender beifallklatschender Menschen in ihren prachtvoll farbigen Gewändern erhoben wird.
Die Genussfähigkeit des Sommerreigens erfährt ihren Höhepunkt im verborgenen geheimnisvollen Inselparadies, in dem zwei Menschen gestrandet Unterschlupf suchen.
Den zart verspielten anmutigen Klängen der Musik erliegen Mann und Frau am Meeresstrand der orangefarbenen untergehenden Sonne, die die Körper der göttlich Hervorgebrachten von den Meereswellen umspielt beim wiederholten Versuch, den Bund der Liebe im Urlaubsdomizil des Paradieses einzugehen.
Der Nachtwind leitet Kühle über das schlafende Paar auf dem gelblichen warmen Sand des Meeresufers.
Palmen verneigen sich zaghaft vor der Magie des Glücks, was den Liebenden Frische zufächelt, um den Tanz des Sommerreigens in den Zauber des herannahenden Morgens mit seiner Strahlenkraft des Lichts umzuwandeln.

August 2012

Insel der Träume

Insel der Träume inmitten der bewegten, silber-glitzernden Wellen des Sees.
Endorphine sprießen empor und streuen Sternenregen über uns aus.

Bewegtes Leben und Lachen von Menschen umringen dich kreisförmig auf deiner Außenbahn.

Im Inneren nisten fröhlich zwitschernde Vogelarten am mondbeschienenen dunklen Anglerkahn.

Die dunkelblaue nächtliche Silhouette der Bäume erstreckt sich im Hintergrund.

Insel der Träume erstrahlt im Zentrum des Sees als Anziehungspunkt
so manchen abenteuerlichen Badeurlaubers.

20.07.2022

Sommerlied

Durch linde Lüfte entschwebe ich empor zu fernen Wellen der Sommerzeit.
Meine nasse Haut glänzt sonnenbeschienen auf der Decke des umrankenden Grüns.

Mein dunkelblond hochgestecktes Haar in Sehnsucht nach Zweisamkeit entspannt in der Fantasie nach zärtlichen Streicheleinheiten des Glücks.

Im Traum der verspielten zartbesaiteten Romantik des Geistes wandle ich auf Zehenspitzen durch das kleebedeckte samtweiche sommerheiße grüne Gras am See.

Nach Rückkehr der Gedankenreise zu den fernen unerreichbaren Gestaden des Bundes unserer Liebe verklingt das Sommerlied am hellblau glitzernden wellentreibenden See meines Sommeridylls.

20.07.2022

Sommeridyll

In der Stille Einsamkeit
liegt des Glückes Wohlfühlkleid.

Menschenstimmen froh erklingen,
Vogelarten freudvoll singen.

Sonnenschein bräunet die Haut,
Kinderlachen erschallet laut.

Badespaß erfrischt die Sinne,
Touristen halten leise inne.

Sommerspaß durchzieht die Zeit,
Menschen voller Dankbarkeit.

Reise durch die Ferienzeit,
auch zu Abenteuern ist man jetzt bereit.

Wohlfühlort ist uns so nah,
Erholungszeit ist wunderbar.

20.07.2022

Gedanken

Ein Teil der Zeit ist schon vorbei, bis wir uns wiederseh'n.
Auch ich verweile oft bei dir, versuch' dich zu versteh'n.
Hab einen mutigen Schritt gewagt, um deine Reaktion zu seh'n.
Ich weiß nicht, wie es dir gefällt, werd' wieder zu dir geh'n.
Du wirst dich wieder auf mich freu'n, hab' es doch auch gespürt.
Kannst nicht verzichten mehr auf mich, hab' auch dein Herz gerührt.
Deshalb wirst auch verzeihen mir, meine spontane Tat.
Ich wusste keinen Ausweg mehr, auch keinen and'ren Rat.
Mach dir Gedanken in der Zeit, bis wir uns wiederseh'n.
Vielleicht fasst du dann den Entschluss, dass wir zusammensteh'n.
Jetzt leg' Geduld ich an den Tag, verweile oft bei dir.
Träum' in Gedanken von uns Zwei'n, bis es dann gibt ein „wir".

22.03.2010

Was du mir bedeutest

Unsere Begegnungen habe ich genossen.
Sie waren wichtig und unverzichtbar.
Erst als du fehltest, den Schmerz ich spürte,
unser Zusammensein sehr bedeutungsvoll war.

Wie schön war der Augenblick, dich zu seh'n.
Die Begeisterung stand in deinem Gesicht.
Wie gefühlvoll hast du mich immer behandelt.
Die Liebe aus meinem Herzen spricht.

Ein großes Gefühl hast du wachgerufen.
Es entwickelte sich nach und nach, mit der Zeit.
Vorangetrieben durch unsere Gespräche sind wir jetzt beide,
zu mehr noch bereit.

Unsere Treffen gaben mir Vertrautheit.
Ich freute mich immer wieder darauf.
Du verzaubertest mich mit deinem Wissen.
Da gingen bei mir viele Türen auf.

Die Begabung mit mir umzugeh'n, habe ich bisher nur
bei dir entdeckt.
Die Sprache der Musik ließ uns versteh'n.
Sie hat in uns Emotionen geweckt.

Die Klavierstunden waren unser Treffpunkt.
Sie waren von größter Bedeutsamkeit.
Keiner von uns durfte da fehlen.
Dafür waren wir zu allem bereit.

20.03.2010

Ich liebe dich

Warst von Anfang an zu mir vertraulich, hattest stets ein liebes Wort.
Deine Blicke sprachen Bände, du wolltest mich an diesem Ort.
Hast mit Musik mich dann verzaubert und Komplimente mir gemacht.
Hast sogar bei mir angerufen, das hätt' ich nicht von dir gedacht.
Zu meiner Tochter warst du freundlich, viel beigebracht hast' ihr in dieser Zeit.
Bei ihrer Zukunft warst du ihr behilflich, das sehe ich voll Dankbarkeit.
Mein Kommen war dir ziemlich wichtig, hast' dich gefreut mit mir darauf.
Als ich dir etwas Schönes schenkte, stellt' Freude sich bei dir heraus.
Hast überlegt, wer ich sein könnte und Rat gesucht in deinem Freundeskreis.
Unsere Herzen schlugen immer schneller und die Gefühle sprachen leis'.
Die Kommunikation war einfach göttlich. Sie hat mir Spaß mit dir gemacht.
Wir ergänzten uns tatsächlich und haben wirklich viel gelacht.
Wir teilten eine Wellenlänge, konnten uns deshalb gut versteh'n.
Wir beide waren gern zusammen.
Konnt' jeder seinen Weg doch geh'n.
Ausreichend Zeit hast du gelassen,
dass etwas in uns konnt' entsteh'n.

Das ist so wertvoll mir geworden,
kann selbst durch Fehler nicht vergeh'n.
Du denkst in großen Dimensionen, hast überrascht mit
Plänen mich.
Dass ich ja gar nicht anders konnte, als mich verlieben
nur in dich.
Dieses Gefühl ist stark geblieben, wenn wir uns auch
nicht ständig seh'n.
Verstehen wortlos uns durch Blicke,
ein erster Anfang ist gescheh'n.
Ich möcht' dich jetzt nicht mehr verlieren,
bist für mich von Bedeutsamkeit.
Ich liebe dich von ganzem Herzen,
bin auch für Zukünftiges bereit.

06.06.2010

Fremder Unbekannter

Hält der Schnee mich noch umfangen,
kann ich dein Gesicht nicht seh'n.
In mir noch die Worte klangen,
die ich konnte nicht versteh'n.

Doch dein Schatten lässt mich hoffen,
dass das Eis doch schmelzen wird.
Mein Gefühl ist sehr betroffen,
bis die Kälte nicht mehr klirrt.

In dem Eispalast der Seele,
nur ein Bild von dir tut gut.
Da ich dich so sehr vermisse,
fasse durch es neuen Mut.

Auch wenn wir nicht Ort an Ort sind,
du gibst Hoffnung wieder mir.
Blick' voll Wehmut in die Sterne,
träume lange schon von dir.

02.01.2011

Liebster meines Herzens

Meine Gedanken schweifen zu dir in die Ferne.
Draußen am Himmel funkeln die Sterne.
Meine Sehnsucht nach dir ist so unendlich groß,
wie gerne läge ich in deinem Schoß.

Ein Austausch von Zärtlichkeiten in meinem Traum.
Ich möchte keinen Augenblick mit dir versäum'.
Der Fantasie sind keine Grenzen gesetzt.
Deine Sanftheit hat mein Gemüt noch nie verletzt.

Es gibt nichts Schöneres, als bei dir zu sein,
eng aneinander geschmiegt im Kerzenschein.
Auf Rosenblättern zu den Sternen schweben,
im Lichterglanz ein unsagbar intensives Erleben.

Der Mann in meinem Leben bist nur du.
In deinen Armen finde ich ersehnte Ruh'.
Mit dir möchte ich alles teilen
und mein gesamtes Leben über bei dir verweilen.

Liebster meines Herzens, ich habe dich erkoren.
Durch dich hab' ich zurück zur Lebensenergie gefunden.
Du verleihst mir Kraft und Zuversicht.
Ein völlig neues Leben jetzt mit dir anbricht.

31.10.2012

Auserwählter

Du liebst die ganz großen Emotionen,
weil viel Gefühl ist in deiner Seel'.
Dieses hast auch du bei mir entdeckt,
obwohl es schon verloren schien.

Es Schicksal war, dass wir uns trafen?
Ob es vielleicht Bestimmung war?
Du Auserwählter meines Herzens.
Es war vor Kälte nur so starr.

Erst mit Verstand und Zuneigung,
brachtest zum Schmelzen, du das Eis.
Du hast das Feuer neu entfachet
und seine Flammen lodern heiß.

Du hast Gefühl in mir geweckt,
welches im Schlaf versunken war.
Du – warst dazu berufen.
Dein wacher Geist sah es so klar.

Da reichte schon ein einz'ger Blick,
für uns gab's kein Entrinnen.
Nur du warst dazu auserwählt,
mein Herze zu gewinnen.

06.12.2010

Liebe zur Musik – Allmacht der Gefühle

Die Liebe zur Musik ist für mich das Schönste,
ein bunter Strauß voll Harmonien.
Sie klingen tief in meinem Herzen.
Deshalb wohnt Freundlichkeit darin.

Sie lässt die schönsten Melodien erklingen,
die spiele ich auf dem Klavier.
Die Leidenschaft hat mich ergriffen,
meine Begeisterung gehört nur ihr.

Sie ist das größte Glück auf Erden,
voll Dankbarkeit ich es annahm.
Ich bleib ihr treu mein ganzes Leben,
dieses Gefühl mich allzeit überkam.

06.12.2010

Unter'm Sternenhimmel

Unter'm Sternenhimmel sucht mein Herz nach dir.
Welcher Stern dort oben leuchtet heller mir?
Habe ihn gefunden in einsamer und stiller Nacht.
Sehnsucht hat mich fast um den Verstand gebracht.

Unter'm Sternenhimmel fand mein Herz zu dir.
Dies' Verlangen brachte die Leidenschaft zu mir.
Sie zu stillen, hat das Schicksal mir entsagt.
Voller Hoffnung hatt' ich dich dazu befragt.

Unter'm Sternenhimmel schlägt mein Herz für dich.
Wehmut und Begehren überwältigen mich.
Irgendwo musst du dort draußen sein.
Fand den Weg nicht in dein Herz hinein.

Unter'm Sternenhimmel bin des Nachts ich ganz allein.
Möcht' in deinen Armen voller Wärme sein.
Suche Geborgenheit und Wärme nur bei dir.
Dies' geschieht in meinen Träumen,
du bist nicht bei mir.

Unter'm Sternenhimmel hab' ich einen Wunsch noch frei.
Meine große Bitte, es sei nicht vorbei.
Werd' gewahr nach der langen Sommerzeit.
Ich wär' allzeit gern zu einer neuen Chance bereit.

Unter'm Sternenhimmel werd' ein Feuerwerk ich seh'n.
Dieser Anblick ist des Nachts so wunderschön.
In Gedanken bist an meiner Seite du allein.
Unsere Augen leuchten hell im Mondenschein.

Unter'm Sternenhimmel könnten wir so glücklich sein.
Dazu müsste die Liebe, treffen in dein Herz hinein.
Mein Versuch war pure Menschlichkeit.
Vielleicht bist du eines Tages auch dazu bereit.

03.08.2011

Sommerspaß am See

Gedankenspiele durchziehen meinen aktiven beweglichen Geist am sonnenbeschienen See mit seinen wellenartigen Bewegungen.
Menschenstimmen dringen leise und schallend an mein empfindsames Ohr und berauschen meine hellhörigen Sinne.
Der Freude am See bin ich im Flow ergeben in Erwartung auf ein alltägliches Überraschungsgeschenk des Lebens.
So tauchen meine Gedanken in Freude und Heiterkeit ein, da sie den Grundstein für den Sommerspaß am See bilden.

16.06.2012

Traumzeit

Unsere Herzen leis' erklingen
und ein Liebeslied uns singen.
Alle Wünsche werden wahr.
Unsere Zukunft ist so klar.
Weiße Weihnacht uns bescheret,
pure Romantik uns bekehret.
Was kann schöner für uns sein,
in die Zweisamkeit hinein.
Wir können so herzlich lachen
und die tollsten Späße machen.
Wir probieren Neues aus,
Ideen sprudeln so heraus.
Wir sind beide ausgelassen,
weil wir gut zusammenpassen.
Nicht zu groß ist uns die Welt,
weil das Leben uns gefällt.
Doch auch leise Töne klingen,
Herzen von der Liebe singen.
Ich in deinen Armen lieg',
dabei zu den Sternen flieg'.
Du kannst mich so glücklich machen
wie kein Mensch zuvor.
Nur um zu dir zu gelangen,
schwang ich mich empor.
Dass du endlich mich erhöret,
einem Wunder gleich.
Freude strömt aus meinem Herzen
bis ganz hoch ins Himmelreich.

28.12.2010

Engelsflügel

Von Eis und Schnee umklammert, war das Herz in meiner Brust.
Es fehlte nur die Sonne mir, zu neuer Lebenslust.
Da schwebtest du an mir vorbei, fast einem Engel gleich.
Die Härte wich in mir sodann, wurd' plötzlich wieder weich.
Es trugen Engelsflügel dich, so sanftmütig zu mir.
Frühling war wieder eingekehrt, der Sehnsucht bracht' nach dir.
Sie blieb bis heute tief in mir, du Freiheit über alles liebst.
Würd' gern mit dir die Welt anseh'n, wenn du die Chance mir gibst.
Dann schweben wir mit weißen Engelsflügeln, hindurch die laue Luft.
Das große Glück wir nun versprüh'n, weil einen Anfang wir versucht'.

08.06.2011

Sommerimpression

Ein letzter Blick, ein letztes Lächeln, wir hatten Angst, uns nicht zu seh'n.
Du sahst den Glanz in meinen Augen,
das Strahlen, bevor ich musst' geh'n.
Wir wollten zeigen, was wir uns bedeuten, etwas Besonderes hatten wir uns ausgedacht.
Der Eindruck sollte lange währen, bis wir den Sommer hinter uns gebracht.
Um dir zu zeigen, was ich fühle, war keine Anstrengung zu groß.
Die Überraschung sollte dich erreichen, sie fiel mir nicht in meinen Schoß.
Da besann ich mich der schönsten Sprache, die es wohl gibt auf dieser Welt.
Fürwahr, das konnt' nur die Musik sein, die alles andere in ihren Schatten stellt.
Als ihr Lehrmeister, sie dich berührte, beeindruckt warst' von der Idee.
Dazu genau drei rote Rosen, unsere Zusammenarbeit ich seh'.
Da du den richtigen Weg uns zeigtest und kämpftest, bis du es geschafft.
Dabei kamen wir uns immer näher, die Trennungszeit der Sommer uns gebracht.
Der Sommer macht die Herzen freier.
Er schenkt den Menschen heiße Glut.
Doch stellte er uns auf die Probe, was anbelangt den Lebensmut.

Er fordert auf, ihn zu genießen, auch wenn wir nicht am gleichen Ort.
Durch ihn seh' ich dich in den Träumen, zusammen Geist und Seele dort.
Der Romantik des Sommers folgen, hat uns dann doch zusammengebracht.
So unsere Körper sich vereinen, in einer milden Sommernacht.

04.08.2010

Du bist mir ans Herz gewachsen

Ich bin dir ans Herz gewachsen, das kann ich doch spür'n.
Wenn Erfolge wir erzielen, möchtest du mich leis' berühr'n.
Wie wir uns perfekt ergänzen, weiterknobeln am Problem.
Die Ideen sind wie ein Puzzle, freu'n uns auf ein Wiederseh'n.
Aufregung konnt' ich von dir spüren, alles positiv gelenkt,
waren super vorbereitet, haben dir Erfolg geschenkt.
Dieser Blick in deinen Augen von Vertrautheit und Gefühl.
Weicher Klang von deiner Stimme, deine Seele ich aufwühl'.
Wie du zugehst auf uns beide, wir uns wortlos gut versteh'n.
Wir gemeinsam weiterdenken, unseren Weg gemeinsam geh'n.
Du bist mir ans Herz gewachsen, motivieren kannst du gut.
Forderst auf zu guten Taten, sie erfordern uns'ren Mut.
Du lässt uns gemeinsam wachsen, weil ich spür' Bedeutsamkeit.
Du siehst mich so gerne lachen, es meinen Augen Glanz verleiht.
Du siehst sie so gerne strahlen.
Liebst, wenn ich Begeisterung versprüh'.
Wir gemeinsam mit dir kämpfen.
Ich mich um Perfektion bemüh'.
Traumhaft arbeiten wir zusammen, setzen das Ziel in Taten um.
Großer Charme hat mich bezaubert, mit ihm bekommst du mich herum.

Keine Bitte kann ich abschlagen, Optimales ich geleistet hab'.
Um deine Erwartungen zu erfüllen, in der Vergangenheit ich alles gab.
Du bist mir ans Herz gewachsen.
Ein Leben ohne dich gibt es nicht mehr.
Dafür unternehmen wir stets alles, ich wahre Kunststücke vollführ'.

15.01.2011

Mein kleines Paradies

Umringt von Farbenpracht bist du erkoren.
In Waldidylle, Vogelsang bist du geboren.
Der Freiheit Lied erklingt betört in mir.
In Leidenschaft von Reisesehnsucht ich mich verlier'.
In der Blütenranken – Optik ruht mein Augenschein.
In Ruhe und Frieden genieß' ich dich allein.
Mein kleines Paradies ist fest in meinem Herzen.
In positiver Gesellschaft bin ich aufgelegt zu scherzen.
Des Glückes Ort hab ich in dir gefunden,
denn du bescherst mir zauberhafte Stunden.
In Wärme der Sonnenstrahlen fließt mein Leben hin.
Voll Fröhlichkeit ich ein Naturkind bin.
Mein kleines Paradies begleitet mich im Leben.
Mit ihm möcht' ich nach hohem Lebensalter streben.

Sommer 2022

Sommerwind

Eine leichte Sommerbrise durchsäuselt verspielt mein Haar.
Zerzaust die aufgesetzte Optik der Zuversicht fürwahr.
In Wildheit und Entschlossenheit ist mein Temperament geboren,
im Chaos der Vergangenheit hab' ich mich oft verloren.
Doch es bringt einzigartige Kunst in mir hervor.
Deshalb ich es in meinem Leben auserkor'n.
Der Sommerwind weht fließend durch mein Haar.
In seiner Kühle die originellsten Gedanken ich gebar.
Er inspiriert voll Inbrunst meinen wachen Geist.
Nur der Fortschritt in der Welt meine Worte reizt.

Sommer 2022

Das Geschenk des Himmels

Sei wie eine Blume, dreh' dein Gesicht zur Sonne.
Die Sonnenstrahlen bringen dir die allerschönste Wonne.
Wo Blumen blühen, lächelt die Welt dich an.
Deshalb ziehst du die Menschen auch so an.
Glück strahlt zurück wie das Licht des Himmels.
Mit Leidenschaft bemächtigst du dich des Getümmels.
Ein Mensch unter Menschen auf dieser Welt zu sein,
darin liegt der Sinn des Lebens allgemein.
Das Geschenk des Himmels liegt in der Zufriedenheit,
in Gesundheit, Wohlergehen und in unendlicher Genügsamkeit.

Sommer 2022

Vulkanausbruch

Seit Tagen brodelt die Lava im aktiven Vulkan der Liebe.
Aus der kleinen Flamme ist die unerträglich große Hitze geworden.
Wie Blitze zucken in Abständen die heißen Substanzen und versprühen inmitten des Vulkans diese erotische Lust.
Immer heftiger werden die Stromstöße der emotionalen Erregung des Innenlebens.
Sie versuchen sich verzweifelt Bewegung im Innenraum zu verschaffen.
Die hochsommerlichen Temperaturen steigern sich ins Unermessliche.
Plötzlich erreicht sie ihren magischen Höhepunkt im Herausschleudern der kochend – heißen Lava aus der Kratermündung.
In kleinen Bächen fließt sie nun über den Rand hinaus in alle Richtungen und breitet sich als Urgewalt über ihren Untergrund des Lebens mit ihrer Fruchtbarkeit und Liebe aus.
Diese feurige Explosion überwältigt als Naturgewalt alles unter sich, sodass jede Steuerung unmöglich erscheinen mag.

22.11.2022

Schatten der Nacht

Schatten der Nacht halten meine Seele gefangen.
Sie hüllen den Schlaf in Ängste und Pein.
Schatten der Nacht lokalisieren die Sinne.
Sie verzerren Gedanken, steigern in Emotionen hinein.
Schatten der Nacht umkreisen das Wort.
Sie erzeugen Bilder fern der Realität.
Schatten der Nacht lassen mich nicht schlafen.
Sie sind wie ein Motor mit dumpfem Geräusch.
Schatten der Nacht sind Illusionen der Gedanken.
Sie finden Ablenkung im Geborgensein.

Herbst 2022

Pulsierendes Leben

Pulsierendes Leben erweckt mein Interesse.
Es ist wie das Klopfen des Herzschlags in mir.
Ausgehungert nach Erlebnissen schließe ich meine Augen.
Vollführ' die aufregendsten Reisen in mir.
Es gleicht einer Achterbahnfahrt zwischen Ozeanen.
Bunte Vielfalt zieht mich in ihren Bann.
Pulsierendes Leben ohne nachzudenken.
Ein unbeschreiblicher Genuss für jedermann.

Herbst 2022

In der Stille der Nacht

In der Stille der Nacht greife ich zur Feder, lass' Gedanken und Gefühlen freien Lauf.
In der Stille der Nacht im Schein der Kerze, genieße ich Ruhe und Frieden zugleich.
In der Stille der Nacht in Familie geborgen, bin ich in Sicherheit und Freiheit zugleich.
In der Stille der Nacht gelöst durch mein Schreiben, vollführ' ich die Kunst, die Leben verheißt.

Herbst 2022

Wunschzeit

Weihnachtszeit rückt immer näher.
Wünsche sich erfüllen dann.
Schau in glückliche Gesichter.
Ob auch ich dabei bin, irgendwann?
Alles das, was ich mir wünsche, ist erfüllbar jederzeit.
Menschen müssen es nur wollen.
Doch sind sie dazu bereit?
Sind es auch die richtigen Menschen, die ich hab' mir ausgewählt?
Würden sie ganz schnell begreifen, dass für mich die Liebe zählt.
Ich möchte gut behandelt werden, dass ich mich gut fühlen kann.
Dann zieht Glück ein in mein Herze,
auch ein Lächeln erstrahlt dann.
Augen fangen an zu glänzen und ein Licht strahlt über mir.
Es lässt mich im Glanz erleuchten,
weil ich glücklich bin bei dir.
Hast' noch nicht zu mir gefunden.
Hast' in meinem Herzen Platz.
Dies' wünsch' ich mir in der Weihnacht, dass in Zukunft bist' mein Schatz.

06.12.2012

Abendträume

Wenn ich abends an dich denke,
sehn' nach einer Berührung mich.
Ließ mich zärtlich von dir küssen.
Ich verwöhnte sehr auch dich.
Ich würd' dir mich nicht verwehren,
weil ich möchte dich ganz spür'n.
Leidenschaft, die in mir brennet,
lass mich dich ganz leis' berühr'n.
Ich hab danach ein Verlangen,
dir einmal ganz nah zu sein.
Fantasie kennt keine Grenzen.
Tauchen wir gemeinsam ein.
Unsere Körper wär'n zusammen,
liebevoll vereint im Bund.
Großes Kino der Gefühle.
Wie im Flug vergeh'n die Stund'.
Dies wünsch' ich mir schon so lange,
sollt' mein Traum noch werden wahr?
Liegt allein in dem Ermessen.
Vielleicht bin ich nur ein Narr?
Meinen Glauben an die Liebe
setz' ich unbeirrbar fort.
Werde dich niemals aufgeben.
Es trennt uns nur ein and'rer Ort.
Hab' noch nie so stark gefühlet.
Hast' meine Emotion geweckt.
Hast' mir Zeit genug gelassen.

Hab' die Liebe neu entdeckt.
Bitte lass mich nicht mehr warten.
Stell's Gefühl so lang zurück.
Ob du dich dazu entschlossen,
sagt mir dann dein sanfter Blick.

Frühjahr 2010

Zeit der Besinnung

Neue Kraft bringen uns die ruhigen Stunden.
Unsere Seelen lassen wir fallen, dann.
Entspannung haben wir jetzt gefunden, denn bald kommt der Wettbewerb heran.
Musik haben wir weiter gespielt als Vorbereitung auf unser großes Ziel.
Wir konnten uns nur auf sie konzentrieren.
Der Genuss der Musik bedeutet uns sehr viel.
Dieses Versprechen hatten wir gegeben.
Wir hielten es an jedem Tag.
Insofern warst du stets in der Nähe.
Die Musik uns ein Stück Vertrautheit gab.
Die Besinnung auf Schönes gab Grund zur Freude.
Es geschah genau zur richtigen Zeit.
Unser Gemüt hat dadurch Stärkung erfahren.
Sind jetzt auch für Großes bereit.
Das möchten wir nur mit dir angehen.
Wir waren ein unschlagbares Team.
Die Zeit der Reife kam uns entgegen.
Wir erreichen mehr, als es am Anfang schien.
Bevor wir uns alle dem Höhepunkt stellen,
verweilen wir in Ruhe daheim.
Versuchen, Gelassenheit zu erreichen.
Sie wird im entscheidenden Moment von Bedeutung sein.
Die Zeit der Besinnung kam gelegen, um gestählt in den Kampf zu zieh'n.

Als Überraschung werden wir uns präsentieren,
so werden wir unserer Angst entflieh'n.
Gestärkt durch die Ruhe können wir hoffen, dass alles
ein erfolgreiches Ende nimmt.
Motiviert von unseren ehrgeizigen Plänen, für uns eine
ganz neue Zeit beginnt.

03.02.2011

Mein liebes Herz

- Widmung an Nicole -

Du schlägst so aufgeregt, weil du nicht bei mir bist.
Du liebevoll gewiegt, mein trautes Heim vermisst.
Mein liebes Herz.
Du kannst vertrauen mir, wenn meine Stimme dir erklingt.
Sie spendet Wärme dir, damit dein Vorhaben gelingt.
Mein liebes Herz.
Wie sanft und lieblich schlägst du nur für mich.
Mein ganzes Gefühl in mir vergab ich nur an dich.
Mein liebes Herz.
Die Reinheit deiner Seele hat mich so betört.
Du offenbarst dich mir.
Ich habe alles angehört.
Mein liebes Herz.
Du sprichst dich aus, lässt alle Sorgen hinter dir.
Kommst voll Begeisterung recht bald zurück zu mir.
Mein liebes Herz.
Hab frohen Mut, das Leben lächelt dir dann zu.
Genieß das Abenteuer und komm dann zur Ruh.
Mein liebes Herz.
Dein Seelenheil auch Ruhe mir verleiht.
Deshalb ist es für mich von großer Wichtigkeit.
Mein liebes Herz.
Behutsam ich dich bald in meine Arme schließen kann.
Die Freude der Wiederkehr zieht mich in seinen Bann.
Mein liebes Herz.

Jetzt schlagen unsere Herzen beide aufgeregt.
Die Wiedersehensfreude hat sie so stark bewegt.
Mein liebes Herz.

Mein liebes Herz ist meine einzige Tochter Nicole

Mondlichtzauber

In der Dunkelheit der Nacht rascheln Schritte durch das bunt gefärbte Laub.
Kühler Herbstwind umspielt das eisige Gesicht des nächtlichen Wanderers.
Bewegung schenkt ihm das Gefühl von Befreiung und Unabhängigkeit.
Die ihn umgebende Stille und Einsamkeit verleihen ihm Ruhe und Entspannung.
Am Nachthimmel begleiten ihn unzählige Sterne auf seinem späten Spaziergang.
Das Mondlicht leuchtet ihm wie ein Zauber des Erlebens den mit bunt – farbenen Blättern übersäten Weg.
Wie ein treuer Begleiter und Kompass auf seiner Reise durch die Nacht vollführt es in seiner Fantasie unglaubliche Kunststücke des Lichtes.
Mondlichtzauber ist das letzte Flüstern des Wanderers, bevor der Schlaf ihn am warmen knisternden Kamin in weiche warme Daunendecken hüllt.

08.10.2022

Das Geheimnis der weißen Muschel

Auf dem Grunde des Ozeans zwischen Algen und Seetang eine weiße Muschel lag.
Bunte Fische umschwärmten sie und drehten vielfach ihre Kreise.
Der Sage nach solle eine seltene Perle in ihr versteckt sein.
Bei Berührung ihrer Seele solle sie sich öffnen und den Schatz ihrem Umwerber offenlegen.
Doch wie wollten zwei so unterschiedliche Wesen wie Fischlein und Muschel eine Seelenverwandtschaft erreichen?
Es vergingen Jahrzehnte, ohne dass sich die bezaubernde Muschel auch nur ein einziges Mal geöffnet hatte.
Sie war einsam und vermisste diese Art seelischer Berührung ihres feinsinnigen Gemütes.
Ihre Muschelschalen wurden immer kräftiger und waren fortan immer fester miteinander verbunden.
Sie fühlte sich irgendwie in sich gekehrt und allein.
Die umwerbenden Fischlein wunderten sich auch, dass sich die Muschelhälften nie öffneten und ihre Schönheit offenbarten.
Dabei hätten sie so gern den Kommunikations- und Gefühlsaustausch mit so einem wunderhübschen und sympathisch anzusehenden Wesen gepflegt.
Sie beratschlagten, wie sie dieses schüchterne, sensible, feinfühlig-feenartige Ozeanwesen zur Öffnung seines Inneren bewegen konnten.
Der kleinste, jüngste, charmanteste, bildhübsche, bunte, intelligente und humorvolle Clownfisch hatte eine Idee.
Er sagte zu seinen Freunden:

„Wisst ihr, der kürzeste Weg zwischen zwei unterschiedlichen Meereswesen ist ein strahlendes Lächeln der Freude und basiert auf Humor, Musik, Malerei, Sprache und Geist. Und die enge Berührung der Körper von uns und des Fühlens schafft einen besonderen Bund."
Da applaudierten seine Artgenossen voller Freude.
Sie hatten den Plan gefasst, der traurigen kleinen verängstigten Muschel in ihrem verfestigten Panzer wieder die Kunst des Lachens zu lehren.
Aufgrund der Tragödie des Schicksals war eine Komödie der Gemeinschaft vonnöten.
So schwammen die lustigen Clownfische mit ihrer bunten Verkleidung im Kreise um die festgefahrene und vereinsamte und verängstigte perspektivlose kleine Muschel.
Sie tanzten ein schwanenseeartiges Ballett im Clownkostüm um sie herum und die Ozeannymphen sangen liebliche engelsgleiche Musik dazu.
Der kleinste und mutigste Fisch schwamm ganz dicht an sie heran und streichelte das Gehäuse der sanften kleinen Muschel aus gutem Haus.
Da war der Zauber der Starre plötzlich gebrochen und der Panzer platzte auf und alle Fischlein bestaunten die Kraft dieses hübschen Wesens und seine Schönheit und bewunderten die erlesene rotleuchtend glitzernde Perle in ihrer Mitte, die so eine Hitze wie ein kleines Lagerfeuer aussandte.
Da waren alle so von ihr begeistert und angetan, dass sie den Freundschaftsbund fürs Leben mit ihr eingingen.

Der mutige kleine sensible feinfühlige weiße Clownfisch wurde ihr Lebensbeschützer und die kleine süße Muschel seine hauchzarte Prinzessin des Ozeans, sodass die Ozeangemeinschaft ein wunderschönes Unterwassermeerfest feierte und die leuchtende Perle den gesamten Meeresboden wie ein rot schimmernder Sonnenuntergang beleuchtete und erstrahlen ließ.

So gelang es dem kleinsten und schwächsten Geschöpf auf besonders kluge und gefühlvolle Weise, das Geheimnis der weißen Meeresmuschel zu ergründen und am Ende einen Bund mit ihr eingehen zu dürfen.

So lernten alle Meereslebewesen daraus, dass das Alter oder die Unterschiedlichkeit gar keine Rolle spielten, wenn man seinen klugen Verstand, sein Leidenschaft fühlendes Herz und seinen ganzen Mut zusammennimmt, um der Gemeinschaft und jedem einzelnen Mitglied einen guten Dienst zu erweisen.

Musik, Lachen und Berührung und ideenreiche Kommunikation mit Kreativität und Fantasie mit einer großen Portion Kampfgeist, um ein Problem zu beheben, führen gewissermaßen immer ans Ziel.

Und wir alle erkennen, dass auch jede geheimnisvolle Schatztruhe einen Schlüssel besitzt, mit dem man sie ganz leicht und mit Freude und Motivation in Einigkeit der Gemeinschaft öffnen kann, denn ohne Offenlegung und Neugierde auf das Leben kann keine positive Veränderung vonstatten gehen.

20.11.2022

Bunt durch das Jahr

Bunt durch das Jahr

Sonnenstrahlenkitzeln

Sonnenstrahlen kitzeln meine Nase und blenden meine empfindsamen Augen.
Sie wärmen meine Wangen, meine Arme und hüllen mich ein.
Sonnenstrahlen glitzern wie winzige Leuchtpunkte und versprühen den Charme des Wohlfühlens.
Sie durchdringen Herz und Seele, sodass ein Regenbogen über uns sichtbar wird.
Sonnenstrahlen sind ein Geschenk der Natur an uns Menschen im ewigen Kreislauf des Lebens.
Sie erlauben Urlaubsgedanken und erlauben der Seele Entspannung pur.
Sonnenstrahlen kitzeln meine Nase und hauchen ewiges Leben ein.
Sie sind Voraussetzung für alles Leben auf dieser reichen bunten Welt des Seins.
Sonnenstrahlen sind der Anfang von allem.
Sie beflügeln uns zum Gefühl der Geborgenheit tief in uns.
Sie sind Grundlage jeglichen Wachsens und Gedeihens.
Sie sind es, die das Blühen und Reifen der Natur bewirken.
Sonnenstrahlen bedeuten Leben, Lachen und Liebe, großzügige Dankbarkeit der Mensch erkennen soll.
Sie kitzeln, sie zaubern uns Farbe ins Gesicht.
Sie lassen uns in romantischen Träumen dahinschwelgen.
Sonnenstrahlen sind meine Freude, sie gestalten den Tag zu einem besonderen Fest.
Sie begleiten mich auf meiner Reise der Fantasie und meinen Tagträumen.

Sonnenstrahlen sind unverzichtbar und wie ein Freund tagtäglichen Tuns.
Sie sind es, die in uns Emotionen des Glücks auslösen und Endorphine sprießen lassen.
Sonnenstrahlen sind Kraftquell meines Lebens und inspirieren meine Gedanken, verführen meine Seele und umarmen meinen Körper wie ein Freund.
Sie necken mich des Tag' s beim Warten und Arbeiten und verheißen Optimismus und Lebensfreude.

Herbst 2022

Schwanengesang

Ein weißer Schwan durchzieht den See.
Stolz und anmutig wirkt sein Federkleid.
Er zieht ruhig seine Bahn und er sucht seinesgleichen, um sein Glück zu teil'n.
Ein langer Weg liegt hinter ihm, bevor er seine Artgenossen führen kann.
Sieh dort, ein anderer Schwan erscheint am Horizont.
Gesellt in schnellen Zügen sich zum Artgenossen gleich.
Ein Schwanengesang voll Lieblichkeit erklingt vom Schwanenpaar.
Einander zupfen sie ihr Federkleid voll Zärtlichkeit fürwahr.
Ihr Weg führt hin zum gleichen Ziel.
Sie teilen ihre Bahn. Es dauert alles seine Zeit, bis Nachwuchs hat sich eingestellt.
Schwanenfamilie durchquert den See, ihr Anblick stimmt so froh.
Schwanengesang der schönsten Art bringt neues Leben der Natur hervor.

16.11.2022

Der Delfin im Pool

Ein großer blau-silber-weiß gefärbter Delfin schwamm seelenruhig auf dem Wasser des Pools im Garten am Wald einer intellektuellen Familie.
Seine Augen glitzerten in den Farben der Sonne und der leichte Windzug ließ ihn lustig auf dem Wasser hin- und hergleiten.
Er hatte sogar Griffe, an denen man sich festhalten kann, wenn Besucher der Familie auf ihm reiten und mit ihm schwimmen wollten.
Er war ein glücklicher Delfin.
Jeder Mensch hatte an ihm Freude, weil seine Rolle im Leben der Menschen mit Spaß und Lebendigkeit verbunden war.
Eine kleine Familie umgab ihn auf sensible, liebevolle und entzückende Weise.
Der Delfin Marino fühlte sich voller Respekt und Wertschätzung.
Er wurde von allen geliebt, was ihm sehr gefiel.
„Hatte der Delfin nicht ein zauberhaftes Leben?", fragte sich die kleine Familie einmal.
Auch der kleine Hund Teddy und die Zwergkaninchen Lissy und Twinky bejahten dies.
An jedem Tag des Sommers verbrachte der dankbare Marino wundervolle Abenteuer im kleinen Pool im Garten am Wald.
Das Ambiente war voller Grün der Natur der Bäume und Sträucher des Waldes.
Ein bunt leuchtender Kinderspielplatz krönte das Familienparadies.
Das Leben des Delfins war voller Sicherheit.

Keine Gefahren drohten ihm, weil alle Bewohner des Hauses ihn mochten und ihn beschützten.

„Worin besteht eigentlich der Sinn des Lebens?", fragte der Delfin Marino eines Tages die kleine Marie, die lustig im Wasser umherspritzte.

Sie hielt sich an seinen Griffen fest und ritt auf ihm beständig durch den Pool.

„Ich weiß es nicht", sagte das Mädchen.

„Frag doch meine Mama, wenn sie von der Arbeit als Lehrerin zurückkommt!"

So wartete der zufriedene, geduldige und dankbare Delfin Marino auf Romy, die vom lustigen und bunten Treiben im Garten begeistert war.

So erzählte sie Marino die Geschichte vom Leben mehrerer Generationen in einem Haus.

Als Marino das hörte, strahlte er über das ganze Gesicht, weil die Geborgenheit einer Familie durch nichts auf der Welt zu ersetzen ist.

Sommer 2022

Herbstanmut

Blätterregen in mannigfaltiger Farbenpracht ergießt sich stillschweigend über unsere Köpfe.
Rot, Orange, Braun, Gelb, Grün, gesprenkelt mit Farbtupfern jeder Farbe flattern vom Wind bewegt in lauer Herbstluft umher.
Aufgeplatzte Kastanien wie kleine Stacheligel mit offenem Bauch in Braun und Weiß bleiben still unter dem im Frühling kerzenartig blühenden Baum liegen.
Kinder sammeln sie eifrig in ihren geflochtenen Körben ein und basteln mit Streichhölzern lustige Tiere d' raus.
Bunte Drachen an langen Schnüren erheben sich stolz über unseren Köpfen unter den weißen Wolken, die der Wind geschwind Schritt für Schritt über den Himmel schiebt.
Reife Garben warten auf das feucht – fröhliche Erntefest der Bauern mit Gesang, Tanz und köstlich angerichteten Speisen.
Der goldene Herbst durchzieht das Land mit seinen frühmorgendlichen Nebelschwaden,
die den dahineilenden Autofahrern auf dem Weg zur Arbeit die Sicht nehmen.
Die Natur kommt ganz allmählich zur Ruhe, bevor Väterchen Frost mit Eis und Schnee bei Dunkelheit und Tannengrün das Land überzieht.
Rotgoldene Girlanden säumen die Giebel und Dächer der Häuser.
Das warme Licht bei knisterndem Kaminfeuer mit fellartigem Untergrund eröffnet Liebespaaren einen Anlass zu romantisierender Zweisamkeit.

Die Herbstzeit vergönnt den Menschen endlich die so ersehnte Ruhe von Gartenarbeit und unaufhörlichem Treiben in der Natur.
Die Vorfreude auf das bevorstehende Weihnachtsfest lässt Musik in den Herzen verlauten und bringt das hart gefrorene Eis der Seelen zum Schmelzen.
Strahlende Kinderaugen freuen sich beim Hören der Märchen aus allen Ländern der Welt auf das herannahende Weihnachtsfest.
So schreitet der Zeiger der Jahresuhr im Kreislauf der Jahreszeiten systematisch zur letzten Dekade.

Herbst 2022

Der Herbst

Der Herbst, der ist ein Malersmann.
Er malt die Blätter farbig an.
Dabei kommt große Freude auf.
So nimmt die Herbstzeit ihren Lauf.
Er ist von Tüchtigkeit umgeben.
Lässt uns ein großes Erntefest erleben.
Ihm dankbar Mensch und Tiere sind, auf ihn freut sich ein jedes Kind.
Der Wind lässt uns're Drachen steigen.
Die Bäume sich vor ihm verneigen.
Sich Igel unter'm Laub verstecken.
Eichhörnchen sich gegenseitig necken.
Mit reifen Früchten uns beladen, denn Wintervorrat will ein jeder haben.
Wenn Schnee und Eis das Land bedecken, wollen wir uns zu Haus verstecken.
Am warmen Feuer lässt sich's liegen.
Da wird man keinen Unmut kriegen.
So überstehen wir die kalte Zeit.
Verabschieden den Herbst in Dankbarkeit.

06.10.2012

Winterzeit

Winterzeit lässt mich besinnen.
Weißer Schnee bedeckt das Land.
Weihnachtszeit vorübergehet,
ich gedanklich zu dir fand.
In der Welt meiner Gedanken, kann ich immer bei dir sein.
Deshalb wird mir warm um's Herze,
wenn ich sitz' beim Kerzenschein.
Ich bin froh, dass ich dich kenne, mein Gefühl hast du geweckt.
Hielt es in mir drin' verborgen,
hab' es durch dich neu entdeckt.
Ich bin gern mit dir zusammen, neues Leben ich verspür'.
Bist ein Stern für mich am Himmel, den im Traum ich leis' berühr'.
Damit geb' ich mich zufrieden in der schönen Winterzeit.
Es kann immer nur geschehen, wozu wir auch sind bereit.
Deshalb ist's für mich in Ordnung, dass verbindet uns Musik.
Sie ist doch die schönste Sprache, ihrer Wirkung ich erlag.
Winterzeit weckt uns're Sinne, in die Kindheit wir entflieh'n.
Warme Menschlichkeit empfangen, die bereits verloren schien.

28.12.2010

Osterzeit

Ostern steht jetzt vor der Tür,
der Frühling ist gekommen.
Vögel zwitschern in den Bäumen,
wir haben es vernommen.

Schneeglöckchen und Krokusse
sind in unserem Garten.
Auf die Osterüberraschung
müssen wir noch warten.

Draußen ist es mild und warm.
Es herrscht ein reges Treiben.
Osterfeuer ist entfacht,
wir bewegen uns im Reigen.

Was für eine Farbenpracht,
uns die Natur bescheret.
Angetan von dem Genuss,
ist jedes Herz bekehret.

Eine Osterüberraschung
hast du von mir bekommen.
Ich bin jetzt schon sehr gespannt,
ob du die Botschaft hast vernommen.

Wohlgefühl wollt' ich dir bringen,
der Emotion ist es entsprungen.
Genuss der süßen Worte Klang,
mein Ziel ist mir gelungen.

Im Herzen trag' ich dich
in der fröhlichen Osterzeit.
Wünsche mir von ganzem Herzen
ein Leben in Zweisamkeit.

Wenn man fest an etwas glaubt,
soll's in Erfüllung gehen.
Gedankenwelt in meinem Kopf,
lässt uns in Bildern sehen.

26.04.2010

Schneekristalle

Schneekristalle tanzen wirbelnd durch die eiskalte Winterluft.
Sie sind dünn und hauchzart und in so vielerlei Formen.
Lustig setzen sie sich auf dem Weg zur Erde auf ihrem Endpunkt ab und zerfließen im Strom des Lebens.
Schneekristalle leiten freudvoll den Winter ein mit Schnee, Eis, Frost, Wind, Sturm, Reif und Kälte.
Sie bedecken Pflanzen, Gegenstände, Menschen und Tiere und erzeugen vielerlei Gefühle in uns.
Für manchen sind sie Boten der Freude an der neuen Jahreszeit und ihren Schönheiten der Natur und möglichen Aktivitäten.
Für andere wiederum sind sie Gegenstand von aufwendiger Arbeit und Ärgernis.
Es ist der Betrachtungsweise der Menschen überlassen.
Sie bieten Schutz und bedecken Land und Lebewesen.
Sie bilden den puderzuckerähnlichen Vorgeschmack der Vorweihnachtszeit und des beginnenden Winters.
Für die Kinder sind sie Ausdruck purer Lebensfreude und sie strahlen eine besondere Magie und einen geheimnisvollen Zauber auf Menschen und Tiere aus.
Sie sind Lebensbejahung und Akzeptanz der Anpassung an die Natur mit ihren Schönheiten und Möglichkeiten zur Aktivität.
Sie lassen uns träumen und inspirieren unsere Fantasie und Kreativität.
Sie sind leichtfüßig und zart und so kurzlebig, aber von so großer Ausstrahlungskraft und Wirkung.
Mit ihnen verbinden wir empirisch Begriffe wie Schnee, Rodeln, Schneemann, Schneeballschlacht.

Eiskristalle, Blumen an Fensterscheiben, Glitzersterne der Luft.
Sie sind Grundlage für romantisierenden Idealismus und Poesie.
Schneekristalle sind Bestandteile des Schnees und Wettererscheinung.
Es kommt immer auf den Betrachter an und sie begleiten uns Menschen als Bestandteil der Natur durch einen Jahresabschnitt.
Sie bringen Freude, Aktivität und Lachen hervor.
Schneekristalle wecken Neugierde und bringen Spannung, Abwechslung und Abenteuer.
Sie sind formen- und facettenreich und besitzen einen märchenhaften Zauber der ästhetischen Optik.
Sie fallen vom Himmel aus den Wolken herunter und befinden sich auf einer Reise bis zur Ankunft auf die Erde.
Sie bewegen sich in schnellem Tempo und mit unterschiedlicher Intensität.
Kinderaugen fangen an zu strahlen.
Sie zeigen Helligkeit.
Für den Alltag bringen sie auch funktionsbedingte Hindernisse im Straßenverkehr.
Schneekristalle sind Sinnbild für Natur, Winter und Kälte sowie vielfältige Freizeitmöglichkeiten: Rodeln, Skifahren.
Schneekristalle animieren zur Poesie und Romantik und zur ästhetischen Schönheit.
Sie dienen als Vorlage zur kreativen Gestaltung und der schöngeistigen Künste.

Sie sind auch Symbole für Träume, Sehnsüchte und Vorstellungen des Menschen.
Jeder verknüpft etwas Unterschiedliches damit, ob positiv oder negativ, aus Idealismus oder Realismus heraus.
Sie wirken erfrischend und belebend.
Sie besitzen geheimnisvolle und spannungsvolle Elemente.
Sie erzeugen Abenteuer.
Tiere spielen gern mit ihnen, ebenso wie Kinder.
Sie berühren uns auf ihrem Weg vom Himmel auf die Erde.
Wir nehmen sie mit unseren Sinnen wahr und bewerten sie individuell für uns selbst.

20.11.2022

Ferienzeit

Worauf sich schon ein jeder freut,
das ist die schöne Ferienzeit.
Da kann man etwas länger liegen und sich auch aneinanderschmiegen.

Kann sanft dir über's Haar streichen und nicht mehr
deinem Charme entweichen.
Ja, ja, die schöne Ferienzeit,
hält etwas für jedermann bereit.

Zusammen kann man etwas unternehmen,
braucht sich zu Haus nicht mehr zu grämen.
Da macht das Leben viel mehr Freud', ja in der schönen
Ferienzeit.

Man wird sich etwas näher kommen,
hat Komplimente schon vernommen.
Auch Zärtlichkeiten tauscht man aus,
Geborgenheit durchströmt das Haus.

So lernt man sich viel besser kennen,
Bedürfnisse sind zu benennen.
Vertraute Zweisamkeit ist angesagt,
es reichen Blicke wie gesagt.

Da kann man seine Augen schließen und Emotionen
pur genießen.
Und wem verdankt man diese Freud',
ja, ja, der schönen Ferienzeit.

06.10.2012

Sonnenuntergang im Herbst

Orange schimmert die untergehende Sonne am Horizont durch die Bäume.
Der Himmel trägt sein Abendkleid.
Rote Blätterranken ummanteln die Holzgeländer.
Forsch schreitet voran die Zeit.
Das Licht weicht nach und nach dem Dunkel.
Die warmen Farbtöne breiten sich aus.
Der feuerrote Ball wandert beständig.
Ist er versunken, geh'n wir nach Haus.
Den Wegrand säumen reife Früchte,
vom Grün bis hin zum dunklen Braun.
Die Schritte hallen durch die Bäume.
Das hell beleuchtete Fenster ist zu erschau'n.

Herbst 2022

Schneekristalle

Schneekristalle wirbeln lustig in der Luft umher.
Teddy versucht sie mit seiner rosafarbenen Zunge zu schlecken.
Abenteuer der Natur überrascht Mensch und Tier,
sie wie Puderzucker die Landschaft bedecken.
Schneekristalle feucht und kühl tanzen flockenartig rhythmisch auf die Erde.
Kinder sie spielend zu fangen versuchen.
Zerfließen auf ihrer warmen Hand.
Es ist das Zeichen der Natur, dass es Winter werde.
Schneekristalle sehen wie kleine feinsinnige zarte Blüten aus.
Sie glitzern strahlend in der Wintersonne.
Bedecken als weißer Belag Wald und Feld.
Kinder treibt es zum Herumtollen im Schnee hinaus.
Schneekristalle kitzeln leise an der Nase.
Sie sind Bote vom Himmelszelt und eilen hernieder zur Erde.
Schützend verbergen sie manch' sanftes Blümelein.
Sie sind so leicht und zart wie eine hauchdünne Seifenblase.
Schneekristalle sind Bilder romantischer Poesie beim Pferdeschlitten mit zwei Verliebten.
Sie erzeugen winterliche geheimnisvolle Magie bei zwei sich zueinander hingezogenen Menschen.
So bringen sie Idealisierung hervor.
Ermuntern zu zärtlicher Berührung.
Schneekristalle sind Ausdruck von Freude und Glück im Wandel der Natur in den Jahreszeiten.
Sie bereichern die Vorstellungswelt und Kreativität enorm.
Bringen Lachen und Humor hervor.

Können pure Lebensfreude und Rückkehr in das Kindsein bereiten.
Schneekristalle animieren zu Bewegung und Aktivität bei den vielfältigen Winterfreuden.
Sie bezaubern unsere Gemüte so verspielt und bringen Vorstellungskraft in den Alltag.
Begeistert holen Kinder ihre Schlitten heraus.
Lasst uns keine Zeit vergeuden!

20.11.2022

Herbstlied

Golden uns der Herbst begegnet,
bunte Farbenreigen zaubert er.
Zwei Gesichter er uns präsentieret,
Kornfelder sind auch schon leer.

Mutter Sonne lässt erstrahlen,
Frohsinn die Natur erweckt.
Vater Erde letzte Wärme festhält,
Eichhörnchen sich im Baum versteckt.
Igel unter'm Laub sich regen,
Vögel nun 'gen Süden zieh'n.
Kinderlachen draußen ist zu hören,
bevor alle, dem Wandel der Natur entflieh'n.

Wind lässt Blätter an den Bäumen rascheln,
Früchte funkeln verschmitzt das Rehkitz an.
Tiere Schutz im Wald sich suchen,
bald der Winter kommen kann.
Wettergott schickt immer öfter Regen,
Wind hat seine Pausbacken aufgebläht.
Wir im Haus am Feuer sitzen.
Beim Erzählen von Geschichten wird es spät.
Hündchen Teddy hüpft vor Freude,
weil er spazieren gehen kann.
Neugierig blickt er in die Runde,
ob für ihn Gesellschaft kommt heran.

Herr der Natur mit seinem Stabe,
ruft die Kälte nun herbei.
Alle sich in warme Mäntel hüllen,
denn der Sommer ist nun endgültig vorbei.

Doch wir wollen nicht verzagen,
geh'n bei jedem Wetter raus.
Gibt in der Natur so viel zu entdecken,
vom Kaninchen bis zur kleinsten Maus.

02.10.2012

Regenwetter

Viele kleine Regentropfen leise an mein Fenster klopfen.
Sie erinnern mich an dich, als du suchtest mich.
Hast mein Herz dir aufgetan, mit deinem leisen Pochen.
Wecktest mein Gefühl fortan. Es war nicht abgesprochen.
Doch der Regen dauert an, so auch uns're Liebe.
Deshalb pfleg' ich sie auch so, damit sie immer bliebe.
Wenn die Tropfen sind vergangen, Zuneigung ist geblieben.
Sieht man, was vergänglich ist, hab' auf ewig mich ihr verschrieben.

29.03.2010

Osterimpressionen

Die Osterzeit läutet den Frühling ein.
Sie strahlt durch ihre Farbenpracht.
Zahlreiche Überraschungen sie inne hat.
Das Feuer in unseren Herzen ist neu entfacht.

Die Natur ist im Wandel begriffen.
Frühlingsstimmung hat sie hervorgebracht.
Sie Farben wie ein Maler hat.
Ein neues Gefühl ist in mir erwacht.

Es wuchs in mir allmählich heran.
Musste mit der Zeit noch reifen.
Doch jetzt, wo ich es deutlich spür',
kann ich es gar nicht begreifen.

„Erholsame Ostertage wünsche ich dir."
Dies konnt' ich nur noch sagen.
Doch so viel Zeit jetzt dazwischen liegt.
Ich würde dich so gerne etwas fragen.

„Fehl' ich dir auch so sehr wie du mir?
Wie soll ich die Tage genießen?"
Wo ich dich vermiss' an jedem Tag.
Mein Gefühl kann ich da nur verschließen.
Da verleb' ich das Osterfest mit meinem Kind.
Das wird sich natürlich freuen.
Auch dieses Gefühl bedeutet mir viel,
Werd' diese Zeit nicht bereuen.

So schlägt in der Brust mein Herz für uns zwei.
Leider muss ich dir jetzt entsagen.
Die Osterzeit wird schnell vergeh'n.
Deshalb werd' ich auch nicht verzagen.

Mein Gefühl möcht' ich auch schenken dir.
Ich weiß, dass du liebst, es zu spüren.
Deshalb offenbar' ich es hier.
Meine Seele kannst du berühren.

16.03.2011

Begegnung

Nach langem Weg schickte Gott einen Boten der Liebe zu mir.
Er schrieb sich durch Worte in mein Herz und brachte es zum heftigen Pulsieren.
Jede Zelle meines Körpers vibrierte, wenn ich seine segensreichen Worte wie Amorpfeile lesen durfte.
Er verstand mit Leidenschaft, mein Herz zu erobern und mich wie im Traum zu verzaubern.
Seine Berührungen durch Worte trugen mich hoch in den Himmel und ich fühlte mich wie bunte Sternenregen in der Silvesternacht.
Nur er war der Auserwählte meines Herzens mit einem unbeschreiblichen männlichen Charme in der optischen Gestalt eines Engels auf Erden.
Auf meiner Reise durch das Leben ist mir noch nie so ein Geschenk zuteilgeworden, das meine Seele zum Schmelzen brachte, meinem Geist Flügel verlieh und meinen Körper schwach und weiblich werden ließ.
Der Engel der Liebe war gekommen, damit sich meine Seele mit ihm verbinden kann, um mit ihm den Bund einzugehen.

20.11.2022

Spätherbstfreuden

In der Frühe weiß bezogen, zeigt der Herbst sein Angesicht.
Sonnenschein ist längst verflogen,
Frostbart ist's, der zu uns spricht.

Kälte schreit in alle Winkel, keiner ihr entrinnen kann.
Mensch und Tier und jede Pflanze,
suchen Schutz im Warmen dann.

Feuerknistern im Kamin,
Holzscheit brennet lichterloh.
Schau dem hellen Schein entgegen,
Atmosphäre macht uns froh.

Prasselnd brennt das Feuer nieder,
kuschlig warm ist's überall.
Sommerträume kommen wieder,
Ponys stehen jetzt im Stall.

So hat alles seine Ordnung,
jetzt regiert die Jahreszeit.
Und wenn wir uns danach richten,
freuen wir uns, wenn es schneit.

28.10.2012

Herbstspaziergang

Rotes Laub rankt am Geländer,
Drachen haben bunte Bänder.
Sie sich in die Luft erheben
und im Winde dahin schweben.

Da hört man auch Kinderlachen,
wie sie ihre Späße machen.
Sie sich gern im Wald verstecken,
Vieles gibt es zu entdecken.

Bunte Blätter umher fliegen,
Früchte auf dem Boden liegen.
Eichhorn hüpft so leicht davon.
Eine Nuss, die hat es schon.

Wipfel sich im Winde wiegen
und sich aneinander schmiegen.
Da – ein Loch im Baum versteckt,
Winterschlaf bleibt unentdeckt.

Rehe über Wiesen springen,
Vogelrufe da erklingen.
Natur trägt ein buntes Kleid.
Maler Herbst sich jetzt erfreut.

Pilze, die den Waldrand schmücken,
bei der Suche sie dann pflücken.
Einer auf des Igels Rücken,
der kann jedermann entzücken.

Herbstspaziergang voller Leben,
Jahreszeit mit reifen Reben.
Wohlbefinden und Genuss, findet
allzeit seinen Fluss.

06.10.2012

Herbstabend

Sonnenstrahlen blinzeln durch die Bäume,
unter ihnen ein Silberfaden das Wasser durchzieht.
Ein Ruderboot gleitet leicht über den See dahin,
man die Spiegelung der Sonnenstrahlen im Wasser sieht.

Kühle schleicht sich langsam unter die Jacke.
Mücken piesacken die nackte Haut am See.
Sonne entschwindet allmählich hinter den Bäumen.
Meine Hand spürt neben mir den feuchtkalten Klee.

Doch ein einzelnes Boot auf dem Wasser verbleibet.
Die Leidenschaft der Angler hat ihren Preis.
Der Stille Raum wird immer größer.
Die Stimmen der Ferne klingen ganz leis'.

Dunkelheit der Nacht lässt sich nicht mehr aufhalten.
In jedem Winkel sie geschwind Einzug hält.
Nur die Laternen von Weitem noch flackern,
Nachtangeln ein Abenteuer darstellt.

Schließlich die Kälte übernimmt das Ruder.
Die Grenzen der Menschen sind gesetzt.
Mit letzter Kraft erreicht das Boot das Ufer.
Der erfolgreiche Fang wird von allen geschätzt.

11.10.2012

Herbstidylle

Der Herbst trägt sein buntes Kleid in aller Pracht.
Rote Blätter ranken prunkvoll über dem Holzgeländer.
Abendsonne im roten Gewand hat er hervorgebracht.

Ein vortrefflicher Maler ist er in jedem Jahr.
Rot, Gelb, Grün, Orange und Braun sind seine Farbpalette.
Natur und Mensch nehmen ihn als Festsaal wahr.

Der Wind bläst seine Pausbacken stärker auf.
Er lässt seine Blätter lustig tanzen.
Das Spiel der Kinder beim Drachensteigen nimmt seinen Lauf.

Reife Früchte fallen von den Bäumen auf die Erde herunter.
Eicheln, Kastanien, Nüsse und Beeren sind dabei.
Eichhörnchen, Igel und Reh werden plötzlich munter.

Die Tiere feiern voller Freude ein großes Erntefest.
Kürbisse strahlen voller Licht zu Halloween.
Kein Waldbewohner auf sich warten lässt.

Herbstidylle mit seinem Zauber zieht alle in seinen Bann,
Zugvogelschar in Gemeinschaft fliegt,
Wunsch danach kommt jedes Jahr auf's Neue heran.

04.10.2012

Leuchtend wie die Erkenntnis

Der Sinn des Lebens

Die meisten Menschen hasten durch ihr Leben geprägt von althergebrachten Verhaltensmustern überlieferter Traditionen.
Wie Ameisen erscheinen sie von oben aus der Luft betrachtet in Verantwortung für ihr primär existenzielles Dasein.
Erwartungen stehen ihnen auf der Stirn geschrieben, deren Pflichterfüllung ihren Gesichtern abzulesen ist.
Maschinelle, regelhafte Abläufe nach klaren Strukturen bestimmen ihr unaufhörliches Handeln.
Der Sinn des Lebens besteht in der Diskrepanz zu dieser festgeschriebenen Lebensart unserer Spezies.
Jedes Lebewesen handelt instinktiv, intuitiv, auf der Grundlage von Emotionen und nach dem körperlichen Wohl ausgerichteter Bedürfnisse.
Nur der Mensch erhebt sich mit verkopftem Denken und Nacheifern der vorgeschriebenen Prinzipien der entspannten Lebensweise jeglicher Lebensform.
Der Sinn des Lebens besteht im Glücklichsein und im täglichen Genuss unserer zeitlich begrenzten Dauer auf dieser reichen bunten Welt.
Die Freiheit des Geistes und des Gefühls ermöglichen die Verwirklichung gehegter Sehnsüchte, Empfindungen, Ziele, Herausforderungen und Träume.
Der Sinn des Lebens besteht in unserem eigenen Anspruch an uns selbst und deren Genügen.

Entsprechen wir unserem eigenen Erwartungsbild an uns selbst in der von uns anfokussierten Welt, kommen wir unserem eigenen Sinn des Lebens unbeschreiblich nah.

Herbst 2022

Jugendzeit

Der Charme der Jugendzeit kehrt nie zurück.
Darum haltet dieses besondere Geschenk in Ehren.
Genießt jeden Tag voller Dankbarkeit.
Das pubertierende Vortasten und Experimentieren.
Das erste Verliebtsein und der erste einschneidende Verlust.
Sie prägen unsere verletzlichen und unberührten Frühlingsgefühle.
Der erste Blick, der erste Kuss, das erste Kuscheln und das erste Glück – Zärtlichkeiten treten zutage.
Der Charme der Jugendzeit ist von so unschätzbarem Wert in der sich wandelnden Welt von Kindheit und Erwachsensein.

20.07.2022

Das Geheimnis des Lebens

Das Geheimnis des Lebens verbirgt sich in Empathie, die aus Kälte und Eis ein Gefühl von Geborgenheit und menschlicher Wärme hervorbringt.
Es ist ein Mysterium und Labyrinth von tausend Verzweigungen unseres Weges.
Der Zauber beginnt mit der Entdeckung deiner ureigensten Bedürfnisse, die dir ermöglichen, authentisch und erfüllt zu sein.
Erst dann gewinnst du die Chance auf Beziehungen zu anderen Menschen in Nähe und Einvernehmen.
Das Geheimnis des Lebens bist du selbst als kleines Wunder der Natur.
Das Potenzial, was in dir steckt, kannst nur du allein erkennen, entfalten und zum Erfolg führen.

Herbst 2022

Der Wechsel der Gezeiten

Die Urgewalt der Natur flößt den Menschen Achtung
ein, denn ohne Respekt fällt er ins Bodenlose hinein.
Das Meer mit dem Wechsel der Gezeiten bewirkt Akzeptanz der Naturgegebenheiten.
Im Gegenspiel von Ebbe und Flut liegt der Reiz der See.
Ihm zu trotzen, lässt den Menschen Gefahren besteh'n.
Harmonie und Eintracht mit der Natur ermöglichen
die Mitgestaltung des Menschen nur.
D'rum gib dich hin dem Wechsel der Gezeiten und auch
du wirst erfolgreich dein eigenes Leben gestalten.

Sommer 2022

Die Pracht der kleinen Dinge

Die Pracht der kleinen Dinge ist des Glückes Unterpfand.
Dieses Schatzkästchen ich in der Wiege meiner Großeltern fand.
Allein durch sie offenbart sich großes Glück im Leben.
Vergeblich wird es gesucht in unaufhörlichem Streben.
Es verklärt deinen Blick für das Individuelle.
Ermöglicht nur den kurzen Erfolgsmoment der schnellen Dinge.
Doch Inhaltsreiches im Leben hat seine Zeit. Deshalb halte dich stets für deine Chance bereit.
Die Pracht der kleinen Dinge ermöglicht dir tägliches Wohlergehen, um in schwierigen Situationen schnell wieder aufzustehen.
Die Zier des Geistes liegt in der Bescheidenheit, Beobachtungsgabe, Mitgefühl und humorvoller Zweisamkeit.

Sommer 2022

Geheimnisse

Zwischen uns gibt es noch Dinge, die nicht ausgesprochen sind.
Jeder will's für sich behalten, sehen was die Zukunft bringt.
Sind geprägt und auch beladen, was in der Vergangenheit geschah.
Wollen dies nicht offen legen, weil es jeder anders sah.
Wenn wir uns doch näher kommen, gibt es davor kein Zurück.
Die Geheimnisse des Lebens – begleiten uns Stück um Stück.
Irgendwann kommen die Fragen, die so unbequem uns sind.
Doch wenn Antwort wir nicht geben, Seele keine Ruhe find'.
Das Vertrauen steht in Frage, Ehrlichkeit im Vordergrund.
Zweifel überkommen einen, was nicht gut für unseren Bund.
Die Geheimnisse des Lebens kommen irgendwann ans Licht.
Hilft nicht ihnen auszuweichen, bevor die Beziehung bricht.
Viel Geduld und viel Verständnis sind bedeutungsvoll dabei,
denn zwei Menschen sind zusammen, macht die Wahrheit wirklich frei.
Neues kann gar nicht beginnen, etwas auf der Seele liegt.
Nur wenn zwei sich anvertrauen, letztlich ihre Liebe siegt.

Zwischen uns gibt es dann nichts mehr, was nicht ausgesprochen ist.
Nur gemeinsam geh'n wir weiter, wie erleichtert wir dann sind.

31.10.2009

Das Geheimnis der Liebe

Das Geheimnis der Liebe ist die Unschuld und Reinheit der Seele.
Dazu bedarf es edler menschlicher Tugenden und Traditionen.
Der Enthusiasmus ist der Motivator der Liebe.
Er wird durch Aktivität und Lebendigkeit ausgelöst.
Das Geheimnis der Liebe ist in der Seelenverwandtschaft, der gleichen Wellenlänge und übereinstimmenden Chemie begründet.
Es ist die Kompensation aus Gemeinsamkeiten und Ergänzungen.
So stellt sich das Gefühl des inneren Friedens und der Entspannung ein.
Doch zuvor ereilt eine große Anziehungskraft ähnlich zweier Magnete die Beteiligten.
Herzen finden zueinander und gehen den gemeinsamen Bund ein.
Die verschmelzen miteinander unter der großen Hitze der Achterbahnfahrt der leidenschaftlichen impulsiven Emotionen.
So kommen sie letztendlich zur ersehnten Harmonie und innerem Frieden sowie Balance der Gefühle.
Sie schafft Geborgenheit, menschliche Wärme, Sicherheit und Zärtlichkeit und lässt jedem Beteiligten daran ausreichend Entfaltungsspielraum zur eigenen Potenzialverwirklichung und zum Zweck des beiderseitigen Wachstums.
Sie inspiriert und arbeitet im Einvernehmen miteinander und sie teilt und gibt und sie erlaubt, sich fallenlassen zu können und so akzeptiert zu werden, wie man ist.

Das ist Liebe in guten und schlechten Zeiten, bei Gesundheit und Krankheit.
Sie bewältigt Stürme des Lebens und genießt die Höhepunkte der Feste und sie erreicht auch die Balance der Mitte und Ausgeglichenheit.
Sie fordert gegenseitig und geht Hand in Hand in die gleiche Zielrichtung des Lebens und überdauert die Zeit bis ins hohe Alter.
Sie ist uneigennützig und aufopfernd.
Sie basiert auf Respekt, Achtung, Anerkennung und Wertschätzung und erreicht geistig – seelische Übereinstimmung, die in die körperliche Vereinigung in Glück und Wohlbefinden mündet.
Sie bedarf beständiger Pflege und gegenseitiger Inspiration.
Sie legt den Grundstein für den Fortbestand des Lebens auf der Erde.
Sie kämpft und arbeitet an sich, sie hilft und unterstützt.
Sie kann sich zurücknehmen und sich behaupten.
Sie ist der größte Motivator und schafft Power, Gesundheit, Lebensfreude und positive Ausstrahlung.
Der Charakter des Miteinanders und gemeinsamen Erlebens bestimmt ihr Wesen und sie mündet in die Familie mit gemeinsamen Kindern.
Sie bildet die Grundlage für ein erfülltes Leben in Freiheit, Frieden und Glücksempfinden.

20.11.2022

Wahre Freundschaft

Die langsam wachsende Pflanze der Freundschaft wächst allzeit in unserem Garten der Herzlichkeit.

Verständnis, Liebe, Hilfe und beständiges Ringen um sie erreicht den Gipfel
unserer beziehungsmäßigen Zweisamkeit.

Der Tiefgründigkeit und Nachhaltigkeit verdankt sie ihrer Blüten Pracht nach jahrzehntelanger Zeit des Wachstums.

Darum hütet dieses Geschenk des Himmels gegen jede Form von äußerer Anfechtbarkeit,
da sie von unschätzbarem Wert in einer Zeit der rein materiellen Orientierung und Ausrichtung.

20.07.2022

Erkenntnis

Hast du geweckt in mir Gefühle,
doch leider war's dir nicht bewusst.
Daher kam wohl deine Kühle,
die ich fortan ertragen musst'.
Hab's probiert auf allen Wegen,
um dir immer nah zu sein.
War's jedoch vergeblich Mühe,
kein Weg führte in dein Herz hinein.
Dies' musste ich wohl akzeptieren,
diese Erkenntnis lag auf der Hand.
Musste mich anderweitig orientieren,
da ich zum Herz keinen Zugang fand.
Du bist immer hart geblieben.
Für mich war es nicht immer leicht.
Habe dir sogar geschrieben
und doch am Ende nichts erreicht.
Lebensziel bei dir ist Freiheit,
erst sehr spät hab' ich dies erkannt.
Konnt' meiner Hoffnung nicht versagen,
habe mich dabei verrannt.
Ist die Klarheit erst geschaffen,
liegt unser Fokus auf Musik.
Ein Regelwerk ist zu beachten,
da mir nichts anderes übrig blieb.
Konsequenter wär's gewesen,
nicht zu kämpfen so um dich.
Doch ohne Wagnis ist kein Leben,
so lehrte es das Leben mich.

Wenn ins Angesicht dir schaue',
ist der Schmerz auch noch so groß,
seh' ich alle meine Träume,
reine Erinnerung bloß.

27.07.2012

Farbenpracht

Farbenpracht ist wie Magie.
Endorphine sprießen.
In bunter Mannigfaltigkeit kannst du dein kostbares Leben genießen.
Sie lässt sich auf alle Lebensbereiche und Erscheinungen übertragen.
Mit ihr wirst du den Tag der größten Widrigkeiten auch überstehen.
In der Vielfalt der Farben entsteht aus Regen und Sonne ein Regenbogen.
Sein Bild am Himmel hat uns zu Begeisterung erwogen.
Die sich vor dem Betrachter ausbreitende Farbenpracht hat etwas Magisches in unser vor Sehnsucht und vor Erfüllung hungriges Herz gebracht.
So lebt ein glückliches Herz in der Welt der Inspiration, dem Liebreiz und der Kognition.
Experimentieren und Forscherdrang ermöglichen deinen höchsten Rang.
Deshalb schaffe sie dir selbst, diese Farbenpracht.
In ihrem Glanz der Unendlichkeit bist auch du zur Kreativität bereit.

Sommer 2022

Realität

Menschen werden geboren, unschuldig und rein.
Zu diesem Zeitpunkt sind sie alle gleich.
Erst unterschiedliche Formen des Aufwachsens, unterschiedliche Anlagen, Charaktere und Temperamente führen auch in der Welt der Menschen zur unterschiedlichen Entwicklung.
Gesellschaftsordnungen, Länderregeln sowie vielerlei Bedingungsgefüge beeinflussen ihren Entwicklungsweg.
Hinzu kommen territorial- und klimabedingte Besonderheiten.
Lebensqualität entscheidet über Gesundheit und Wohlergehen.
Erfolg oder Misserfolg sind davon abzuleiten.
Um die Realität zu meistern, bedarf es ehrlicher harter täglicher unermüdlicher Arbeit.
Die Sicht über den Tellerrand hinaus ermöglicht Veränderung und Weiterentwicklung und beständiges Wachstum gleich einer Spirale.
Doch sollten Glück, Freude, Humor, Entscheidungsfreiheit, Potenzialentfaltung, Gesundheit, Familie, Freunde, Zusammengehörigkeitsgefühl, Struktur und Spontanität im Wechsel sowie Anspannung und Entspannung Prioritäten des Lebens sein.
Positivität, Lachen, Ausstrahlung, Lebensfreude, Bescheidenheit und Dankbarkeit runden das ganze Bild komplett ab.
So sind wir Meister und Überlebenskünstler einer Realität, die mit sinnlichem Genuss und hoher Alterserwartung einhergeht.

22.11.2022

Geduld

Triffst du plötzlich auf den Menschen,
nach dem du dich so gesehnt.
Sei geduldig und bescheiden,
bis er sich an dich anlehnt.

Er muss Sicherheit verspüren, die Entscheidung ist nicht leicht.
Zeit – Geborgenheit muss wachsen, uns ein Glücksgefühl verleiht.
Dieses Liebeslied der Sinne klingt so wie ein großer Chor.
Inspiriert durch Geist, Charisma – eröffnet Chance des Lebens mir.

16.09.2020

Illusion

Viel zu lange habe ich in einer Illusion gelebt.
Habe deshalb mit übergroßer Kraft nur nach dir gestrebt.
Musst' erkennen, dass dies ein großer Herzirrtum war.
Doch am Ende das Ergebnis war so sonnenklar.

Es hatte seine Zeit gedauert, bis ich es klar seh'.
Sich dies selber einzugesteh'n tat mir unendlich weh.
Doch nicht länger meine Augen ich verschließen kann.
Musst' meinen Traum dann aufgeben, irgendwann.

In mir drin zieht plötzlich eine Leere ein.
Endlich hab' ich abgeschlossen, mit dem falschen Schein.
Ich hielt viel zu lange an der Hoffnung fest.
Vom Gefühl ist übrig nur ein kleiner Rest.

Eine unglückliche Liebe ist im Leben nicht sehr angenehm.
Ich muss meinen Weg immer weiter geh'n.
Scheinbar lebst du in einer anderen Welt.
Deshalb hat dir auch für Zweisamkeit der Mut gefehlt.

Irgendwann musst' ich für mich einen Schlussstrich zieh'n.
Das Gefühl auf deiner Seite ist wohl nicht gedieh'n.
Daran sehe ich, wie unterschiedlich man fühlen kann,
was anfänglich so verheißungsvoll begann.

Ich habe lange Zeit geglaubt, dass du der Richtige bist.
Scheinbar habe ich vor Einsamkeit Emotionen vermischt.
Durch ein Missverständnis habe ich mich in dich verliebt,
doch in deinem Leben keinen Platz für mich gibt.

Hab' nichts unversucht gelassen, kämpfte sehr um dich.
Doch das hattest du nicht wahrgenommen für dich.
Irgendwann musst' ich der Realität ins Auge seh'n.
Das ist unvermeidbar, um im Leben zu besteh'n.

Dieser Illusion zu folgen, kostete mich ganz viel Kraft.
Deine Liebe zu erringen, habe ich leider nicht geschafft.
Meine Emotion litt dabei auch die ganze Zeit,
deshalb ist's jetzt nicht mehr von Bedeutsamkeit.

Ich brauche viel Gefühl in meiner „heilen Welt".
Hab' herausgefunden, dass dir Zweisamkeit privat nicht gefällt.
Deshalb muss jeder seinen Weg nun alleine geh'n.
Ich werde mit meinem Kind in die Zukunft seh'n.

Durch Musik werden wir weiterhin verbunden sein.
Doch ich habe gelernt, allzeit stark zu sein.
Harmonie erreichen wir nur durch die Musik dabei.
Ich hab' dich wirklich sehr geliebt, deshalb ich verzeih'.

Mein Gefühl so anzusprechen, war nicht ganz fair von dir.
Nur dadurch konnte entstehen die Illusion in mir.
Hast mein Herz gewonnen, ich wollte es doch nicht.
Glück war nicht auf meiner Seite, nur Verzicht.

Dir geht es vor allem um Erfolg dabei.
Doch das Allerwichtigste für dich, dass du bist frei.
Das sollst du nun von mir aus für immer sein.
Ich steigere mich nicht mehr in die Illusion hinein.

Da ich tief im Herzen liebte, kann ich dir nicht böse sein.
Du zogst mich durch deine Art in deinen Bann hinein.
Lass dich schweren Herzens auf meinem Weg zurück!
Hatte mir mit dir gewünscht das große Glück.

27.10.2010

Fassade

Weshalb wählt man die Fassade, weil man unsicher sich fühlt.
Doch da kann es leicht passieren, dass entsteht ein anderes Bild.
Dieses wollt' man gar nicht haben und man wird falsch eingeschätzt.
Schuld daran ist man da selber, hat gewagt ein unechtes Spiel.
Hinterher wird es nicht leichter, großer Mut ist dann gefragt, um die Sache zu beheben, braucht man dann der Worte viel.
Deshalb gib dich stets authentisch, wer du bist und wie du fühlst.
Alles andere ist nicht ehrlich, wird dir danach eine Last.
Dies ist aber nicht so einfach, wenn Gefühle sind im Spiel. Ist man dazu noch zu schüchtern und man traut sich auch nicht viel.
Dieser Kreislauf ist gefährlich, weil man sich vor sich versteckt.
Warum sollte man verleugnen, wenn man Emotionen hegt?
Deshalb wählt man die Fassade,
um sich nicht zu offenbar'n.
Schutzmantel sich umzulegen, bis es offensichtlich wird,
Emotionen sind verletzlich, der Verstand ist leicht verwirrt.
Gesichtsverlust und Sensibilität sind der Grund für das Vorgeh'n.
Menschsein heißt auch manchmal irren, stehe ein für dein Gefühl.

16.12.2009

Zufriedenheit

Unabhängig von Zeit und Raum, Gesellschaft, Reichtum, Sexualität, Nationalität, Familie, Bildung, Erziehung, Repräsentation, Hierarchie entsteht Zufriedenheit.
Vertrauen in uns selbst und alle Menschen bildet die Grundlage für den Zustand der Schwerelosigkeit unseres Körpers.
Dank der Vorstellungswelt und Fantasie erreichen wir unabhängig vom äußeren Geschehen den Idealzustand unseres individuellen Seins, genannt Zufriedenheit.
Zufriedenheit erfordert Mut und Risikobereitschaft zum selbstbewussten Ausleben unseres individuellen Potenzials, geleitet von Kreativität und Fantasie.
Carpe diem!
Verlier keine kostbare Lebenszeit, um dein Leben nach deinen eigenen Vorstellungen zu gestalten, ungeachtet von Vorgaben unterschiedlicher Gesellschaftsformationen und Menschen.
Das Zentrum der Zufriedenheit liegt in uns selbst begründet.
Dieser Verantwortung kann sich kein Mensch auf dieser Welt entziehen.
Am Ende des Lebens kann jeder Mensch das Resümee zwischen seinen Ideen, Visionen und deren Realisierung ziehen.

Herbst 2022

Die Autorin

Die Autorin des Buches „Reise durch die Welt der Emotionen" stammt aus der südbrandenburgischen Naturlandschaft Deutschlands mit ihrem verspielt-romantischen Flair und Ambiente von Herzlichkeit, Naivität, Unschuld, Naturverbundenheit, Poesie, Idealismus und intensiv leidenschaftlicher Gefühlsstärke in künstlerischer Impulsivität und Übertreibung.

Als Lehrerin, Künstlerin und tief fühlender Mensch mit großem Erfahrungsschatz möchte die Autorin den Leser dazu anregen, Mut zur Offenlegung eigener starker Gefühlsregungen aufzubringen und sich in Bezug auf Emotionen der Veränderbarkeit zwischenmenschlicher Beziehungen zu stellen. Diese grundtiefe authentische Ehrlichkeit und Selbsthinterfragung ermöglicht das Nachvollziehen des Emotionsflusses eines Menschen unterschiedlicher Stimmungen und demzufolge das Entfalten der eigenen Persönlichkeit.

Der Verlag

> *Wer aufhört*
> *besser zu werden,*
> *hat aufgehört*
> *gut zu sein!*

Basierend auf diesem Motto ist es dem novum Verlag ein Anliegen, neue Manuskripte aufzuspüren, zu veröffentlichen und deren Autoren langfristig zu fördern. Mittlerweile gilt der 1997 gegründete und mehrfach prämierte Verlag als Spezialist für Neuautoren in Deutschland, Österreich und der Schweiz.

Für jedes neue Manuskript wird innerhalb weniger Wochen eine kostenfreie, unverbindliche Lektorats-Prüfung erstellt.

Weitere Informationen zum Verlag und seinen Büchern finden Sie im Internet unter:

www.novumverlag.com